Weisheit im Märchen

Weisheit im Märchen
Herausgegeben von Theodor Seifert

Hildegunde Wöller

Aschenputtel

Energie der Liebe

Kreuz Verlag

4. Auflage (14.–16. Tausend) 1987
© Kreuz Verlag AG Zürich 1984
Gestaltung und Umschlagfoto: Hans Hug
ISBN 3-268-00018-5

Inhalt

Vorwort

Die Weisheit der Märchen zeigt sich in diesem Band der Reihe von einer neuen Seite: Aschenputtel verbindet den modernen Menschen wieder mit jener mythischen Vorzeit, in der unsere Erde noch Wohnort der großen Mutter, der großen Göttin war. Pflanzen und Tiere, Töchter und Söhne, die Liebe zwischen Mann und Frau waren Ausdruck und Spiegelbild des sich erneuernden Lebens, der großen Fruchtbarkeit und ihrer lebensvollen Kraft. Die Erde war noch die Heimat des Menschen, er wohnte im Hause seiner göttlichen Mutter. Die Herrschaft des Mannes hat diese Zeit abgelöst. Die Folgen werden verheerend, weil Weibliches seit Jahrtausenden verachtet, entehrt, in den Schmutz gezogen, zum Aschenputtel wird. Unter dieser traurigen, öden Einseitigkeit leiden insbesondere die Frauen, deren inneren und äußeren Lebensvollzug die Autorin mit großem Engagement und besonderer Sachkenntnis beschreibt, aber auch die Männer, die in nicht absehbarem Sadismus sich selbst zerstören. Zum Verständnis der Geschichte Aschenputtels werden viele Parallelen aus der Welt der Märchen, aber auch aus der Religionsgeschichte und der Symbolik herangezogen.

Die Ausbeutung der entseelten Erde, der Verlust des Gottesbezuges zum großen Weiblichen, hat die Grundlage zur Ausbeutung des Menschen durch den Menschen, der Geschlechter und der Generationen untereinander geschaffen. Aber es gibt das Königreich der Liebe. Das Märchen verheißt seine Möglichkeit, die Chancen des Lebens.Der einzelne kann die Heilige Hochzeit wieder feiern und den Ring des Lebens schließen, sich aus seiner lebensfernen Einsamkeit befreien. »Wer aber das Königreich seiner Liebe begründen will und den Garten seiner schöpferischen Möglichkeiten anlegen, ist gut beraten«, dem Weg Aschenputtels nachzufolgen, den dieses Bändchen in der Interpreation von Hildegunde Wöller nahelegt.

Lesen Sie zuerst den Text des Märchens, den Sie auf den Seiten 11–20 des Bandes finden. Und ehe Sie dann von vorn anfangen zu lesen, zur Anregung noch einige Hinweise.

Lassen Sie das Märchen in Ruhe auf sich wirken. Spüren Sie dem nach, was es in Ihnen anregt, lassen Sie sich verzaubern von der ihm eigenen Kraft und Vision, lassen Sie sich von Ihren eigenen Reaktionen überraschen.

Märchen spiegeln typische, allgemein menschliche Situationen und Schicksale wider. Jeder Leser kann sich in ihnen auf die eine oder andere Weise wiederfinden; trotz der »märchenhaften« Veränderungen lassen sich leicht Parallelen zur persönlichen Lebenssituation finden, selbst in ganz fremd anmutenden Märchen. Märchen stellen also keine individuellen Lebensläufe oder Ereignisse dar, aber diese lassen sich in all ihrer Vielfalt mühelos in die Märchenge-schichten einfügen. In der Psychologie vertritt man im Anschluß an die Forschungen Carl Gustav Jungs, des weltbekannten Schweizer Psychotherapeuten und Psychiaters, die Auffassung, daß die Gesamtheit der Märchen das widerspiegelt, was sich in der Seele des Menschen seit Urzeiten abspielt. Alles, was an persönlichen Besonderheiten bei einzelnen Indivi-duen auffindbar ist, kann in diesem allgemein menschlichen Zusammenhang wieder entdeckt wer-den. Das Studium der Märchen und ihre Deutung, wie sie in dieser Buchreihe gegeben wird, vermitteln diesen so wichtigen Zugang zum Menschlichen.

Einige Hinweise zur Literatur:

Die Autoren dieser Reihe haben sich bei den Texten der Märchen an folgende Ausgaben gehalten: *Kinder- und Hausmärchen. Gesammelt durch die Brü-der Grimm, 2 Bände, Manesse Verlag.*

Wenn Sie sich, wie eben angeregt, weiter mit diesem Thema beschäftigen möchten, so empfehlen Ihnen die Autoren dieser Reihe folgende Bücher:
von Franz, Marie-Louise: Das Weibliche im Märchen, Stuttgart 1977
Birkhäuser-Oeri, Sibylle: Die Mutter im Märchen, Stuttgart 1976
Dieckmann, Hans: Gelebte Märchen, Hildesheim 1978
Kast, Verena: Wege aus Angst und Symbiose im Märchen, Olten 1981.

Diese Werke behandeln weitere große Lebensthemen, die in unserer Reihe nicht berücksichtigt werden konnten. Sie enthalten darüber hinaus wichtige Ergänzungen, die der persönlichen Vertiefung und Bereicherung dienen.

Theodor Seifert

Aschenputtel

Einem reichen Manne, dem wurde seine Frau
krank, und als sie fühlte, daß ihr Ende herankam, rief sie ihr einziges Töchterlein zu sich ans
Bett und sprach: »Liebes Kind, bleib fromm und gut,
so wird dir der liebe Gott immer beistehen, und ich
will vom Himmel auf dich herabblicken und will
um dich sein.« Darauf tat sie die Augen zu und
verschied. Das Mädchen ging jeden Tag hinaus zu
dem Grabe der Mutter und weinte und blieb fromm
und gut. Als der Winter kam, deckte der Schnee
ein weißes Tüchlein auf das Grab, und als die Sonne
im Frühjahr es wieder herabgezogen hatte, nahm
sich der Mann eine andere Frau.

Die Frau hatte zwei Töchter mit ins Haus
gebracht, die schön und weiß von Angesicht waren,
aber garstig und schwarz von Herzen. Da ging eine
schlimme Zeit für das arme Stiefkind an. »Soll die
dumme Gans bei uns in der Stube sitzen!« sprachen
sie, »wer Brot essen will, muß es verdienen: hinaus
mit der Küchenmagd.« Sie nahmen ihm seine
schönen Kleider weg, zogen ihm einen grauen alten
Kittel an und gaben ihm hölzerne Schuhe. »Seht
einmal die stolze Prinzessin, wie sie geputzt ist!«
riefen sie, lachten und führten es in die Küche. Da

mußte es von Morgen bis Abend schwere Arbeit tun, früh vor Tag aufstehn, Wasser tragen, Feuer anmachen, kochen und waschen. Obendrein taten ihm die Schwestern alles ersinnliche Herzeleid an, verspotteten es und schütteten ihm die Erbsen und Linsen in die Asche, so daß es sitzen und sie wieder auslesen mußte. Abends, wenn es sich müdegearbeitet hatte, kam es in kein Bett, sondern mußte sich neben den Herd in die Asche legen. Und weil es darum immer staubig und schmutzig aussah, nannten sie es Aschenputtel.

Es trug sich zu, daß der Vater einmal in die Messe ziehen wollte; da fragte er die beiden Stief-töchter, was er ihnen mitbringen sollte? »Schöne Kleider«, sagte die eine, »Perlen und Edelsteine« die zweite. »Aber du, Aschenputtel«, sprach er, »was willst du haben?« – »Vater, das erste Reis, das Euch auf Eurem Heimweg an den Hut stößt, das brecht für mich ab.« Er kaufte nun für die beiden Stiefschwestern schöne Kleider, Perlen und Edelsteine, und auf dem Rückweg, als er durch einen grünen Busch ritt, streifte ihn ein Haselreis und stieß ihm den Hut ab. Da brach er das Reis ab und nahm es mit. Als er nach Haus kam, gab er den Stieftöchtern, was sie sich gewünscht hatten, und dem Aschenputtel gab er das Reis von dem Haselbusch. Aschenputtel dankte ihm, ging zu seiner Mutter Grab und pflanzte das Reis darauf und weinte so sehr, daß die Tränen darauf nieder-fielen und es begossen. Es wuchs aber und war ein schöner Baum. Aschenputtel ging alle Tage dreimal darunter, weinte und betete, und allemal kam ein

weißes Vöglein auf den Baum, und wenn es einen
Wunsch aussprach, so warf ihm das Vöglein herab,
was es sich gewünscht hatte.

Es begab sich aber, daß der König ein Fest
anstellte, das drei Tage dauern sollte und wozu alle
schönen Jungfrauen im Lande eingeladen wurden,
damit sich sein Sohn eine Braut aussuchen möchte.
Die zwei Stiefschwestern, als sie hörten, daß sie
auch dabei erscheinen sollten, waren guter Dinge,
riefen Aschenputtel und sprachen: »Kämm uns die
Haare, bürste uns die Schuhe und mache uns
die Schnallen fest, wir gehen zur Hochzeit auf des
Königs Schloß.« Aschenputtel gehorchte, weinte
aber, weil es auch gern zum Tanz mitgegangen
wäre, und bat die Stiefmutter, sie möchte es ihm
erlauben. »Du Aschenputtel«, sprach sie, »bist voll
Staub und Schmutz und willst zur Hochzeit? Du
hast keine Kleider und Schuhe und willst tanzen!«
Als es aber mit Bitten anhielt, sprach sie endlich:
»Da habe ich dir eine Schüssel Linsen in die Asche
geschüttet; wenn du die Linsen in zwei Stunden
wieder ausgelesen hast, so sollst du mitgehen.«
Das Mädchen ging durch die Hintertüre nach
dem Garten und rief: »Ihr zahmen Täubchen, ihr
Turteltäubchen, all ihr Vöglein unter dem Himmel,
kommt und helft mir lesen,

die guten ins Töpfchen,

die schlechten ins Kröpfchen.«
Da kamen zum Küchenfenster zwei weiße Täubchen
herein und danach die Turteltäubchen, und endlich
schwirrten und schwärmten alle Vöglein unter dem
Himmel herein und ließen sich um die Asche nieder.

13

Und die Täubchen nickten mit den Köpfchen und fingen an: pik, pik, pik, pik, und da fingen die übrigen auch an: pik, pik, pik, pik, und lasen alle guten Körnlein in die Schüssel. Kaum war eine Stunde herum, so waren sie schon fertig und flogen alle wieder hinaus. Da brachte das Mädchen die Schüssel der Stiefmutter, freute sich und glaubte, es dürfte nun mit auf die Hochzeit gehen. Aber sie sprach: »Nein, Aschenputtel, du hast keine Kleider und kannst nicht tanzen: du wirst nur ausgelacht.« Als es nun weinte, sprach sie: »Wenn du mir zwei Schüsseln voll Linsen in einer Stunde aus der Asche reinlesen kannst, so sollst du mitgehen«, und dachte, das kann es ja nimmermehr. Als sie die zwei Schüsseln Linsen in die Asche geschüttet hatte, ging das Mädchen durch die Hintertüre nach dem Garten und rief: »Ihr zahmen Täubchen, ihr Turteltäubchen, all ihr Vöglein unter dem Himmel, kommt und helft mir lesen,

die guten ins Töpfchen,

die schlechten ins Kröpfchen.«

Da kamen zum Küchenfenster zwei weiße Täubchen herein und danach die Turteltäubchen, und endlich schwirrten und schwärmten alle Vöglein unter dem Himmel herein und ließen sich um die Asche nieder. Und die Täubchen nickten mit ihren Köpfchen und fingen an: pik, pik, pik, pik, und da fingen die übrigen auch an: pik, pik, pik, pik, und lasen alle guten Körner in die Schüsseln. Und eh eine halbe Stunde herum war, waren sie schon fertig und flogen alle wieder hinaus. Da trug das Mädchen die Schüsseln zu der Stiefmutter, freute sich und glaubte,

14

nun dürfte es mit auf die Hochzeit gehen. Aber sie sprach: »Es hilft dir alles nichts: du kommst nicht mit, denn du hast keine Kleider und kannst nicht tanzen; wir müßten uns deiner schämen.« Darauf kehrte sie ihm den Rücken zu und eilte mit ihren zwei stolzen Töchtern fort.

Als nun niemand mehr daheim war, ging Aschenputtel zu seiner Mutter Grab unter den Haselbaum und rief:

»Bäumchen, rüttel dich und schüttel dich,
Wirf Gold und Silber über mich.«

Da warf ihm der Vogel ein golden und silbern Kleid herunter und mit Seide und Silber ausgestickte Pantoffeln. In aller Eile zog es das Kleid an und ging zur Hochzeit. Seine Schwestern aber und die Stiefmutter kannten es nicht und meinten, es müßte eine fremde Königstochter sein, so schön sah es in dem goldenen Kleide aus. An Aschenputtel dachten sie gar nicht und dachten, es säße daheim im Schmutz und suche die Linsen aus der Asche. Der Königssohn kam ihm entgegen, nahm es bei der Hand und tanzte mit ihm. Er wollte auch sonst mit niemand tanzen, also daß er ihm die Hand nicht losließ, und wenn ein anderer kam, es aufzufordern, sprach er: »Das ist meine Tänzerin.«

Es tanzte, bis es Abend war, da wollte es nach Hause gehen. Der Königssohn aber sprach: »Ich gehe mit und begleite dich«, denn er wollte sehen, wem das schöne Mädchen angehörte. Sie entwischte ihm aber und sprang in das Taubenhaus. Nun wartete der Königssohn, bis der Vater kam, und sagte

ihm, das fremde Mädchen wäre in das Taubenhaus
gesprungen. Der Alte dachte: sollte es Aschenputtel
sein, und sie mußten ihm Axt und Hacken bringen,
damit er das Taubenhaus entzweischlagen konnte:
Und als sie ins Haus kamen, lag Aschenputtel in
seinen schmutzigen Kleidern in der Asche, und ein
trübes Öllämpchen brannte im Schornstein; denn
Aschenputtel war geschwind aus dem Taubenhaus
hinten herabgesprungen und war zu dem Haselbäumchen gelaufen: da hatte es die schönen Kleider
abgezogen und aufs Grab gelegt, und der Vogel
hatte sie wieder weggenommen, und dann hatte es
sich in seinem grauen Kittelchen in die Küche zur
Asche gesetzt.

Am anderen Tag, als das Fest von neuem anhub
und die Eltern und Stiefschwestern wieder fort
waren, ging Aschenputtel zu dem Haselbaum und
sprach:

»Bäumchen, rüttel dich und schüttel dich,
Wirf Gold und Silber über mich.«

Da warf der Vogel ein noch viel stolzeres Kleid
herab als am vorigen Tag. Und als es mit diesem
Kleide auf der Hochzeit erschien, erstaunte jedermann über seine Schönheit. Der Königssohn aber
hatte gewartet, bis es kam, nahm es gleich bei der
Hand und tanzte nur allein mit ihm. Wenn die
anderen kamen und es aufforderten, sprach er:
»Das ist meine Tänzerin.« Als es nun Abend war,
wollte es fort, und der Königssohn ging ihm nach
und wollte sehen, in welches Haus es ging: aber es
sprang ihm fort und in den Garten hinter dem

Haus. Darin stand ein schöner großer Baum, an dem die herrlichsten Birnen hingen; es kletterte so behend wie ein Eichhörnchen zwischen die Äste, und der Königssohn wußte nicht, wo es hingekommen war. Er wartete aber, bis der Vater kam, und sprach zu ihm: »Das fremde Mädchen ist mir entwischt, und ich glaube, es ist auf den Birnbaum gesprungen.« Der Vater dachte: sollte es Aschenputtel sein, ließ sich die Axt holen und hieb den Baum um, aber es war niemand darauf. Und als sie in die Küche kamen, lag Aschenputtel da in der Asche, wie sonst auch, denn es war auf der anderen Seite vom Baum herabgesprungen, hatte dem Vogel auf dem Haselbäumchen die schönen Kleider wieder gebracht und sein graues Kittelchen angezogen.

Am dritten Tag, als die Eltern und Schwestern fort waren, ging Aschenputtel wieder zu seiner Mutter Grab und sprach zu dem Bäumchen:

»Bäumchen, rüttel dich und schüttel dich,
Wirf Gold und Silber über mich.«

Nun warf ihm der Vogel ein Kleid herab, das war so prächtig und glänzend, wie es noch keins gehabt hatte, und die Pantoffeln waren ganz golden. Als es in dem Kleid zu der Hochzeit kam, wußten sie nicht, was sie vor Verwunderung sagen sollten. Der Königssohn tanzte ganz allein mit ihm, und wenn es einer aufforderte, sprach er: »Das ist meine Tänzerin.«

Als es nun Abend war, wollte Aschenputtel fort, und der Königssohn wollte es begleiten, aber es entsprang ihm so geschwind, daß er nicht folgen konnte.

Der Königssohn hatte aber eine List gebraucht und hatte die ganze Treppe mit Pech bestreichen lassen: da war, als es hinabsprang, der linke Pantoffel des Mädchens hängengeblieben. Der Königssohn hob ihn auf, und er war klein und zierlich und ganz golden. Am nächsten Morgen ging er damit zu dem Mann und sagte zu ihm: »Keine andere soll meine Gemahlin werden als die, an deren Fuß dieser goldene Schuh paßt.« Da freuten sich die beiden Schwestern, denn sie hatten schöne Füße. Die älteste ging mit dem Schuh in die Kammer und wollte ihn anprobieren, und die Mutter stand dabei. Aber sie konnte mit der großen Zehe nicht hineinkommen, und der Schuh war ihr zu klein; da reichte ihr die Mutter ein Messer und sprach: »Hau die Zehe ab: wann du Königin bist, so brauchst du nicht mehr zu Fuß zu gehen.« Das Mädchen hieb die Zehe ab, zwängte den Fuß in den Schuh, verbiß den Schmerz und ging heraus zum Königssohn. Da nahm er sie als seine Braut aufs Pferd und ritt mit ihr fort. Sie mußten aber an dem Grabe vorbei, da saßen die zwei Täubchen auf dem Haselbäumchen und riefen:

»Rucke di guck, rucke di guck,
Blut ist im Schuck (Schuh):
Der Schuck ist zu klein,
Die rechte Braut sitzt noch daheim.«

Da blickte er auf ihren Fuß und sah, wie das Blut herausquoll. Er wendete sein Pferd um, brachte die falsche Braut wieder nach Haus und sagte, das wäre nicht die rechte, die andere Schwester sollte den Schuh anziehen. Da ging diese in die Kammer und kam mit den Zehen glücklich in den Schuh, aber die Ferse war zu groß. Da reichte ihr die Mutter ein Messer und sprach: »Hau ein Stück von der Ferse ab: wann du Königin bist, brauchst du nicht mehr zu Fuß zu gehen.« Das Mädchen hieb ein Stück von der Ferse ab, zwängte den Fuß in den Schuh, verbiß den Schmerz und ging hinaus zum Königssohn. Da nahm er sie als seine Braut aufs Pferd und ritt mit ihr fort. Als sie an dem Haselbäumchen vorbeikamen, saßen die zwei Täubchen darauf und riefen:

»Rucke di guck, rucke di guck,
Blut ist im Schuck:
Der Schuck ist zu klein,
Die rechte Braut sitzt noch daheim.«

Er blickte nieder auf ihren Fuß und sah, wie das Blut aus dem Schuh quoll und an den weißen Strümpfen ganz rot heraufgestiegen war. Da wendete er sein Pferd und brachte die falsche Braut wieder nach Haus. »Das ist auch nicht die rechte«, sprach er, »habt ihr keine andere Tochter?« – »Nein«, sagte der Mann, »nur von meiner verstorbenen Frau ist noch ein kleines verbuttetes Aschenputtel da: das kann unmöglich die Braut sein.« Der Königssohn sprach, er sollte es heraufschicken, die Mutter aber antwortete: »Ach nein, das ist viel zu schmutzig, das darf sich nicht sehen lassen.« Er wollte es aber durchaus haben, und Aschenputtel mußte gerufen werden. Da wusch es sich erst Hände und Angesicht rein, ging dann hin und neigte sich vor dem Königssohn, der ihm den goldenen Schuh reichte. Dann

setzte es sich auf einen Schemel und zog den Fuß
aus dem schweren Holzschuh und steckte ihn in den
Pantoffel, der war wie angegossen. Und als es sich
in die Höhe richtete und der Königssohn ihm ins
Gesicht sah, so erkannte er das schöne Mädchen,
das mit ihm getanzt hatte, und rief: »Das ist
die rechte Braut!« Die Stiefmutter und die beiden
Schwestern erschraken und wurden bleich vor
Ärger: er aber nahm Aschenputtel aufs Pferd und
ritt mit ihm fort. Als sie an dem Haselbäumchen
vorbeikamen, riefen die zwei weißen Täubchen:

>»Rucke di guck, rucke di guck,
>Kein Blut ist im Schuck:
>Der Schuck ist nicht zu klein,
>Die rechte Braut, die führt er heim.«

Und als sie das gerufen hatten, kamen sie beide
herabgeflogen und setzten sich dem Aschenputtel
auf die Schultern, eine rechts, die andere links, und
blieben da sitzen.

Als die Hochzeit mit dem Königssohn sollte
gehalten werden, kamen die falschen Schwestern,
wollten sich einschmeicheln und teil an seinem
Glück nehmen. Als die Brautleute nun zur Kirche
gingen, war die älteste zur rechten, die jüngste zur
linken Seite: da pickten die Tauben einer jeden das
eine Auge aus. Hernach, als sie herausgingen, war
die älteste zur linken und die jüngste zur rechten: da
pickten die Tauben einer jeden das andere Auge aus.
Und waren sie also für ihre Bosheit und Falschheit
mit Blindheit auf ihr Lebtag gestraft.

Vorbemerkung

Das Märchen »Aschenputtel« ist in zahlreichen Variationen über die halbe Erde verbreitet, von Irland durch ganz Europa und den Orient bis Hinterindien und Japan. Seine Grundmotive stammen wahrscheinlich aus dem östlichen Mittelmeerraum. Charakteristisch ist insbesondere das Motiv vom Konflikt zwischen Stiefmutter, älteren Schwestern und der jüngsten. Daß einzelne Märchenmotive bis in vorgeschichtliche Zeit zurückweisen, ist unumstritten. Offen ist, ob es sich bei diesen Motiven um Phantasien und Träume, um verdichtete Lebenserfahrung oder um abgesunkene Mythen handelt, also um einst allgemein anerkannte religiöse Wahrheit, die von einer neuen Religion verdrängt wurde und dann nur noch im einfachen Volk und in geographischen und kulturellen Randgruppen weiterlebte. Wahrscheinlich sind die Wurzeln von Märchen zu Märchen auch verschieden. Im »Aschenputtel« aber scheint mir tatsächlich der Mythos von der großen Muttergöttin deutlich erkennbar. Und nicht nur dies. Ich meine zu sehen, daß dieses Märchen den Untergang der matriarchalen Religion nicht nur betrauert, sondern auch darüber nachsinnt, wie es in der so veränderten patriarchalen Zeit nun weitergehen kann. Gerade darum halte ich die Märchenerzähler und -erzählerinnen der Vergangenheit für keine naiven oder primitiven Menschen. Wie sie es verstanden, ihre Botschaft so zu verhüllen, daß sie in christlich-patriarchaler Umwelt überliefert werden konnte, und sie zugleich jedem aufgeschlossenen Hörer ins Herz schrieben, das erweckt meine Bewunderung für ihre Kunst und Weisheit zugleich. Denn die Annahme, daß es sich beim Märchen um ein Echo aus längst vergangener Zeit handelt, bedeutet nicht, daß es uns Heutige nichts anginge. Gerade in jüngster Zeit verdichtet sich die Ahnung, daß wir Wesentliches, das zum Menschsein gehört, zu unserem eigenen Schaden vergessen haben. Und das neu erwachte Interesse an den Märchen gleicht einer Suche nach den Schätzen, die in ihnen verborgen sein könnten.

Insbesondere wir Frauen wenden uns Mythen und Märchen zu, in denen wir etwas über uns selbst, über das Weibliche zu finden hoffen. Sibylle Birkhäuser-Oeri schreibt in ihrem Buch über »Die Mutter im Märchen«: »Eine bewußte Einstellung zu sich als Frau zu finden, ist in unserer Kultur nicht leicht. Es fehlt ein kollektives Bild des weiblichen Prinzips, also des geistigen Prinzips der Frau. Da unsere Religion, besonders für Protestanten, keine weibliche göttliche Gestalt enthält, die uns als überpersönliches Vorbild dienen könnte, so sucht man ein solches in anderen Religionen oder in den seelischen Ausdrucksformen, welche neben den offiziellen Dogmen einhergehen, wie zum Beispiel den Märchen. Die Märchen schöpfen so tief aus dem Unbewußten, daß sie Inhalte darstellen, die schon seit Jahrtausenden aus dem Blickfeld des Bewußtseins verschwunden waren. Sie stammen aus einer Tiefe, welche von der patriarchalen Entwicklung unserer Kultur noch wenig berührt ist, in der die große All-Göttin zum Beispiel der ganz frühen, um das östliche Mittelmeer gelagerten Kulturen noch immer lebendig ist. In Märchengestalten wie den frühen Göttinnen treffen wir auf das überpersönliche Bild weiblicher Wesen, welches nie stirbt, auch wenn es dreimal in den Tod getrieben wurde. Für die Frau steht das Problem der Liebe, das heißt der Beziehung an erster Stelle. Sie leidet vielleicht direkter als der Mann am Fehlen einer göttlichen Gestalt, nach welcher sie ihr persönliches Leben richten könnte.«[1]

Was Sibylle Birkhäuser-Oeri schreibt, ist zugleich die Anfangsszene unseres Märchens. Eine Mutter stirbt und läßt die einzige Tochter verwaist zurück. Offenbar ist hier nicht irgendeine Mutter gestorben, ist nicht irgendein Mädchen nun verlassen, sondern *die* Mutter wurde krank und starb, die weibliche Göttin wurde in patriarchaler Zeit aus der Wirklichkeit hinausgedrängt und ließ ihre Töchter, uns Frauen alle, ohne Schutz und ohne ihr Vorbild zurück. Und das Schicksal Aschenputtels wird so zum Schicksal vieler Frauen in patriarchaler Zeit. Nicht alle trauern um diese Mutter. Denn selbst die Trauer um sie wurde verboten und schließlich vergessen. Im Märchen aber wird ihr Gedächtnis wachgehalten.

Die Mutter

*Einem reichen Manne, dem wurde seine Frau krank,
und als sie fühlte, daß ihr Ende herankam, rief sie
ihr einziges Töchterlein zu sich ans Bett und sprach:
»Liebes Kind, bleib fromm und gut, so wird dir der
liebe Gott immer beistehen, und ich will vom
Himmel auf dich herabblicken und will um dich
sein.« Darauf tat sie die Augen zu und verschied.
Das Mädchen ging jeden Tag hinaus zu dem Grabe
der Mutter und weinte und blieb fromm und gut.*

Einem reichen Mann stirbt die Frau, einem kleinen Mädchen die Mutter. Mutterseelenallein
bleibt das Kind zurück. Die Welt ist heimatlos geworden. Die Mutter, die ihm Wärme, Geborgenheit,
Zärtlichkeit, Trost und Orientierung gewesen war, ist
nicht mehr. Einen geliebten Menschen und gar die
Mutter zu verlieren, solange man noch Kind ist,
bedeutet wohl, die Beziehung zum Leben und auch
zu sich selbst verlieren. Die sterbende Mutter hat
dies vorausgesehen und ihrer Tochter versichert, daß
sie auch über den Tod hinaus bei ihr sein werde. Sie
weist ihr einen neuen, größeren Raum der Geborgenheit, den der Seele, des Jenseits, des Himmels, der
Beziehung zum Unsichtbaren, in dem sie die Gegen-

wart der Mutter erfahren soll. Und die Tochter erhält diesen Kontakt zur jenseitigen Mutter aufrecht, indem sie täglich ihr Grab besucht. Fromm und gut zu sein bedeutet für dieses Mädchen, in der Trauer das Gedächtnis der Mutter wachzuhalten.

Ein Kind, das täglich an einem Grab weint und dessen Seele gleichsam im Jenseits weilt, müßte jedem Erzieher Sorgen machen. Wie soll dieses Mädchen ins Leben hineinfinden und Kontakt mit der Wirklichkeit bekommen? Er würde dem Mädchen sagen: Weine nicht, vergiß, geh und spiele und freu dich deines Lebens. Doch das Märchen will es anders. Für das Märchen ist diese Trauer Ausdruck der Treue dieser Tochter zur Mutter, die schließlich reich belohnt wird.

Wer in sich selbst hineinlauscht, findet in einem verborgenen Winkel seiner Seele manchmal ein Kind, das zusammengekauert in einer Ecke sitzt und leise vor sich hin weint. Hoffnungslos, denn es hat längst merken müssen, daß niemand es beachtet und sich seiner annimmt. Diesem Kind gegenüber helfen keine forschen Appelle. Dieses weinende Kind ist ein stummer Vorwurf an uns selbst und erinnert zugleich an das, was uns wirklich fehlt und was wir durch allerlei Beschäftigungen nur überdecken: die Erfahrung, in den Arm genommen und getröstet zu werden, das Erleben von Liebe und Ermutigung. So hoffnungslos allein wie das Kind in uns ist nicht einmal das Mädchen im Märchen. Denn das weiß von seiner Mutter, das hat ihr Versprechen im Ohr: »Ich will vom Himmel auf dich herabblicken und um dich sein.« Wenn wir das traurige Kind in uns selbst ansehen und uns zu der abgründigen Trauer in uns selbst bekennen wollen, gelingt das wohl nur, wenn gleichzeitig das Bild einer gütigen Mutter in uns wieder lebendig wird, der wir unseren Kummer anvertrauen können. Wer zu trauern vermag, ist davor bewahrt, in krankhafte Depression zu versinken und zu verzweifeln. Wer trauert, braucht nicht in blinder Wut auf die Welt, die einem übel mitgespielt hat, in Aggression auszubrechen. Wer trauert, bewahrt dem Leben in Ehrfurcht einen angemessenen Platz in sich selbst, auch wenn noch nicht erkennbar ist, wie es sich zum Besseren wenden sollte. Wer trauert, hält in sich selbst einen Raum offen, in dem eines Tages wieder etwas gedeihen kann. In diesem Sinn fromm und gut zu bleiben, das erhält wach und in allem Schmerz lebendig.

Wenn wir Frauen heute nach einer weiblichen göttlichen Gestalt fragen, die uns Vorbild und Orientierung sein könnte, ist das Ausdruck einer Trauer darüber, daß das Mädchen in uns sich verlassen fühlt. Und wenn immer mehr Menschen sich für den Schutz der Pflanzen und Tiere, der Wälder, der Gewässer und der Luft einsetzen, wacht in ihnen zugleich Trauer auf, die Ahnung, daß wir die Beziehung zur Mutter Natur verloren haben, zu der Göttin, die für frühere Generationen die Heiligkeit der Umwelt abbildete. Indem das Märchen an den Anfang des Weges dieses Mädchens die Trauer stellt, übermittelt es die Botschaft, daß trauern nicht nur bedeutet, sich von der Welt abzuwenden, sondern dieses Kind wendet sich in seiner Trauer der Mutter zu, ohne deren Gegenwart dieses Leben nicht gelingen kann. Es hält der Mutter die Tür offen, durch die sie aus dem Jenseits ins Diesseits zurückkehren kann.

Der Vater

*Als der Winter kam, deckte der Schnee ein weißes
Tüchlein auf das Grab, und als die Sonne im
Frühjahr es wieder herabgezogen hatte, nahm sich
der Mann eine andere Frau.*

Erst sind da die heißen Tränen des Mädchens am
Grab, nun die kühle weiße Schneedecke. Es ist,
als wechsle das Märchen die Perspektive und blicke
nun auf die Reaktion des reichen Mannes auf den
Tod seiner Frau. Ein weißes Tüchlein deckt sanft
seinen Schmerz zu. Kühle breitet sich in ihm aus, das
Grab wird unsichtbar, er kann seine Frau vergessen.
»Die Zeit heilt alle Wunden«, heißt es im Volks-
mund. Und die Umwelt sieht es auch nicht gern,
wenn ein Mensch zu lange und zu heftig trauert.
Dieser Mann wäre nicht reich, wenn es ihm gleichgül-
tig wäre, was die anderen Leute sagen. Kann sein, er
verschließt die Trauer tief in seinem Inneren wie in
einem Grab und verhüllt sie vor sich selbst wie mit
einem weißen Tüchlein. Es gelingt ihm. Ein neuer
Frühling bringt ihm die Begegnung mit einer anderen
Frau, er heiratet wieder. So weit, so gut wie normal
und alltäglich. Nur vom Sinn des ganzen Märchens her
betrachtet, tauchen Fragen an das Verhalten des

Mannes auf. Schon der einleitende Satz: »Einem reichen Manne, dem wurde seine Frau krank«, läßt aufhorchen, weil er eine Beziehung herstellt zwischen der Erkrankung seiner Frau und ihm, als sei sie an ihm krank geworden, als habe er sie gekränkt. Und wenn es ihm im Unterschied zu seiner Tochter so rasch gelingt, die Gestorbene zu vergessen, spricht auch dies dafür, daß seine Beziehung zu ihr nicht allzu innig war. Sein Reichtum besteht offenbar in äußeren Gütern, im Können und Wissen, weniger im Gefühl. In der Fassung des Märchens von Charles Perrault »Aschenbrödel oder Das gläserne Pantöffelchen«[2] ist er ein Edelmann bei Hofe. Ansehen und Geltung sind ihm wichtig. Das zeigt dann auch die Wahl seiner zweiten Frau. Er entspricht damit einem Typ Mann, wie er heute als normal gilt: kühl, beherrscht, vernünftig und erfolgreich. Daß er sich im weiteren Verlauf des Märchens um das Ergehen seiner Tochter aus erster Ehe kaum zu kümmern scheint, wundert auch. Es ist, als liege über seinen Gefühlen auf Dauer ein weißes Tüchlein wie Schnee.

In den verwandten Märchen zu »Aschenputtel« taucht der Mann oder Vater nicht auf. Auch in der Erstfassung des Märchens durch die Brüder Grimm von 1812[3], die sich von der endgültigen erheblich unterscheidet, spielt er nur eine Nebenrolle. Um so aufschlußreicher ist seine Charakterisierung in dieser Fassung, ist er doch gleichsam der Hauptdarsteller der Zeit nach dem Tod seiner Frau, der patriarchalen Denkweise. Er hat offenbar kein Wahrnehmungsvermögen für seine erste Frau und deren Tochter. Mühelos vergißt er beide, als habe es sie nie gegeben. Für ihn kommt bald ein neuer Frühling, aber das ist ein Frühling des Patriarchats, einer Epoche, in der andere Werte gelten als früher und in der man nichts mehr weiß und wissen will von der Schönheit und Weisheit einer früheren Zeit.

Auch über den Märchen lag lange Zeit ein weißes Tüchlein des Vergessens. Und wo Frauen heute anfangen, in Märchen und Mythen, in der Archäologie und Ethnologie, in der Kultur- und Sozialgeschichte, in den Religionen und in der Kirchengeschichte nach weiblichen Gestalten und nach dem Leben und Wirken von Frauen zu fragen, entdecken sie zu ihrer Verwunderung doch sehr viel, nur daß es nicht beachtet wurde. Was Frauen gelebt und gedacht haben, scheint geradezu einem Gesetz des Vergessenwerdens zu unterliegen. Selbst in historischer Zeit überdauerten Frauenbewegungen kaum das Gedächtnis einer Generation. Der Frühling des Patriarchats verdrängte immer wieder jede Erinnerung. Und die Neigung, Männliches höher zu schätzen als das, was Frauen tun, lebt selbst in Frauen von heute.

Vergangenes hinter sich zu lassen und sich nach vorn dem Neuen zuzuwenden, hat einen guten Sinn. Man könnte sich sonst vergraben und darüber die Gegenwart versäumen. Das Märchen zeigt aber auch die Gefahr dieser Tendenz. Der Mann sucht sich schnell Ersatz für seinen Verlust, und wie sich herausstellt, ist die neue Frau ein sehr oberflächlicher Ersatz. Er hat in der Eile Wesentliches übersehen und liefert sich damit einer Zukunft aus, die ihn weit wegführt von sich selbst und von dem, was dem Leben wirklich Wert und Sinn gibt.

Die andere Frau

Die Frau hatte zwei Töchter mit ins Haus gebracht, die schön und weiß von Angesicht waren, aber garstig und schwarz von Herzen. Da ging eine schlimme Zeit für das arme Stiefkind an. »Soll die dumme Gans bei uns in der Stube sitzen!« sprachen sie, »wer Brot essen will, muß es verdienen: hinaus mit der Küchenmagd.« Sie nahmen ihm seine schönen Kleider weg, zogen ihm einen grauen alten Kittel an und gaben ihm hölzerne Schuhe. »Seht einmal die stolze Prinzessin, wie sie geputzt ist!« riefen sie, lachten und führten es in die Küche. Da mußte es von Morgen bis Abend schwere Arbeit tun, früh vor Tag aufstehn, Wasser tragen, Feuer anmachen, kochen und waschen. Obendrein taten ihm die Schwestern alles ersinnliche Herzeleid an, verspotteten es und schütteten ihm die Erbsen und Linsen in die Asche, so daß es sitzen und sie wieder auslesen mußte. Abends, wenn es sich müdegearbeitet hatte, kam es in kein Bett, sondern mußte sich neben den Herd in die Asche legen. Und weil es darum immer staubig und schmutzig aussah, nannten sie es Aschenputtel.

31

Aschenputtel ist eine Bezeichnung, die seit Jahrhunderten sprichwörtlich ist für ein Mädchen, das die niedrigste Küchenarbeit verrichten muß. »Putteln« bedeutet im Hessischen »in Flüssigem rühren oder Staub hin und her schütteln[4]«. Das Wort Asche steckt auch in dem Namen Cinderella für Aschenputtel, der im englischsprachigen Raum geläufig ist. In dem Namen Aschenputtel wird aber auch eine Volksetymologie des griechischen Wortes achylia für Asche und pouttos oder poutti (weibliche Geschlechtsteile) vermutet. »Der Name Achylopouttoura bedeutet in heutigen griechischen Varianten eine Frau, die sich immer am Feuer aufhält, eigentlich jedoch eine Katze, die in der Asche des Herdes sitzt und unten schmutzig ist.«[5] In jedem Fall drückt der Name Verachtung aus. Man hat das Märchen Aschenputtel den »Glückstraum der sozial Entrechteten« genannt, und nicht zu zählen sind die Mädchen und Frauen, die sich mit dieser Gestalt identifizieren, nicht selten ein Leben lang. Zwar ist diese Identifizierung verbunden mit der Hoffnung auf den erlösenden Königssohn, aber sie kennzeichnet zunächst doch die soziale Erniedrigung, in der sie sich vorfinden. Nicht wenige Frauen haben ihre Minderwertigkeit so verinnerlicht, daß die amerikanische Psychologin Colette Dowling von einem »Cinderella-Komplex«[6] spricht. Frauen mit diesem Komplex scheuen den Erfolg und das Ansehen, das ihnen etwa ein Beruf geben könnte. Sie fliehen davor geradezu in eine Ehe und ziehen es vor, zu Hause in der Küche ein unauffälliges Dasein führen zu können.

Doch nicht jedes Mädchen, das sich mit Aschenputtel identifiziert, muß deshalb einen Komplex haben. Gerade anpassungsfähigen Mädchen, die wenig Ichstärke haben und dafür hilfsbereit sind, fällt im Elternhaus und unter mehreren Geschwistern leicht die Aschenputtelrolle zu. Da es so bequem ist, ihnen Aufgaben zuzuteilen, denken Eltern und Geschwister bald nicht mehr darüber nach, was alles sie ihnen aufbürden. Die traditionelle Frauenrolle zählt das Dienen zur weibliche Tugend und ebenso den fraglosen Gehorsam. So kann ein Mädchen jahrelang für die ganze Familie die Rolle einer Dienstmagd spielen, ohne daß irgend jemand etwas Besonderes dabei findet. Im Sinne von Alice Miller[7] kann es eines der begabten Kinder sein, das der Mutter und den Geschwistern die Wünsche von den Augen abliest und sie ihnen erfüllt, bevor sie ausgesprochen wurden. So kann ein Mädchen sich selbst hineinmanövrieren in die Aschenputtelrolle, ohne daß eine bewußte Bosheit von Mutter und Schwestern mitspielt.

Auch in einem anderen Sinne kann ein Mädchen sich als Aschenputtel fühlen, nämlich in der Pubertätszeit, in der es nach der eigenen weiblichen Identität sucht und darunter leidet, nicht verstanden zu werden. Da wird die einstmals geliebte Mutter fremd und feindselig, und da können Schwestern als hoffnungslos überlegen oder zänkisch erlebt werden. In dieser Phase könnte die Zuwendung eines einfühlenden Vaters eine Hilfe zur Selbstfindung sein. Doch keineswegs jede Tocher kommt in den Genuß väterlicher Liebe, im Gegenteil. So kann es im Erleben des Mädchens bald so sein wie im Märchen, daß da niemand ist, keine Mutter, keine Schwester, kein Vater und auch sonst niemand auf der Welt, der einen ansähe und einem einen Wert zuerkennte. Ein solches Mädchen findet seine weibliche Identität nicht oder findet eben nur eine Aschenputtelidentität, nämlich die einer unansehnlichen, minderwertigen Frau, die keiner Liebe und Beachtung wert ist. Sie wird selbst glauben, daß die Mauerblümchenrolle die ihr zugemessene ist und daß sie ihr Lebensrecht allein durch Fleiß wird erwerben müssen. Für Mädchen in dieser Situation kann das Märchen wirkliche Lebenshilfe sein, indem es ihnen zumindest den Traum von künftigem Glück vermittelt und in ihnen die Hoffnung wachhält, daß eines Tages jemand kommt, der sie aus der Niedrigkeit erhebt. Ohne eine solche Hoffnung müßte ein unverstandenes Mädchen unter dem Druck seiner Situation seelisch verkümmern.

Ein solcher Glückstraum wird erst bedenklich, wenn erwachsene Frauen ihn weiterträumen und passiv darauf warten, daß irgendwann ein Königssohn erscheint, der sie erlöst. Denn genau gelesen, bleibt das Aschenputtel im Märchen keineswegs passiv, sondern wirkt mit erstaunlicher Energie selbst mit an der Beendigung seiner elenden Lage. Doch damit habe ich vorgegriffen.

Die Lage, in der sich Aschenputtel gegenüber ihrer Stiefmutter und ihren Stiefschwestern befindet, ist offenbar so typisch, daß sie als Motiv in vielen Märchen vorkommt. Die schon erwähnte Fassung von Charles Perrault, die Vorbild für die im englischen Sprachraum verbreitete Cinderella-Version ist, geht so: Cinderella hat zwei böse Stiefschwestern und eine

34

Stiefmutter, die dem sanftmütigen und herzensguten Mädchen alles zuleide tun. Cinderella aber bleibt zu ihnen gut und liebevoll. Als der Sohn des Königs einen Ball gibt, hilft sie den Schwestern beim Putzen, Kämmen und Schnüren und macht das sehr gut, selbst darf sie natürlich nicht zum Ball. Als die Schwestern fort sind, weint Cinderella, und ihre Patin fragt nach ihrem Kummer. Im Nu zaubert die Patin dann aus gefangenen Mäusen, Ratten, einem Kürbis und ähnlichen Dingen eine Kutsche, einen Kutscher und Pferde und verwandelt den Kittel von Cinderella in ein schönes Kleid, so daß sie bei Hof wie eine Prinzessin empfangen wird. Die Patin hatte ihr nur empfohlen, vor Mitternacht zu Hause zu sein, weil dann der Zauber ende. So geschieht es dreimal. Beim dritten Mal verspätet sich Cinderella, und fliehend verliert sie einen ihrer gläsernen Pantoffel. Der Königssohn sendet einen Kammerherrn aus, der nach dem Mädchen suchen soll, dem der Pantoffel paßt. Die Schwestern kommen nicht hinein, aber schließlich Cinderella, die außerdem noch den anderen gläsernen Pantoffel besitzt. Die bösen Schwestern bitten Cinderella um Verzeihung, und bald wird die Hochzeit gefeiert.

Urtümlicher noch klingt das Märchen »Das Erdkühlein«, das schon seit dem 16. Jahrhundert schriftlich überliefert ist[8]. Die Heldin heißt Margrethlin und hat eine böse Stiefmutter und Schwester. Die wollen sie im Wald aussetzen und töten. Eine Patin rät dem Margrethlin, auf den Weg Sägemehl und beim nächsten Mal Spreu zu streuen, so findet sie immer nach Haus zurück. Beim dritten Mal streut sie Hanfsamen, und den haben am Abend die Vögel gefressen. Allein und im Wald verirrt, entdeckt sie einen Rauch, der sie zum Haus des Erdkühleins führt, das sie freundlich aufnimmt und gut zu ihr ist. Nur soll sie niemandem etwas vom Erdkühlein verraten. Eines Tages aber kommt die Stiefschwester in den Wald, und Margrehtlin erzählt ihr doch vom Erdkühlein. Die böse Stiefmutter holt darauf die Tochter heim und läßt das Erdkühlein schlachten. Bevor es unter dem Messer des Metzgers stirbt, rät das Erdkühlein dem Mädchen, seinen Schwanz, sein Horn und die Hufe zu erbitten und sie zu begraben. Daraus wächst ein Baum, der im Sommer und im Winter die schönsten Äpfel trägt. Ein Herr mit seinem kranken Sohn kommt vorbei und verlangt nach den Äpfeln, damit sein Sohn gesund wird. Die Mutter und die Schwester können aber die Äpfel nicht pflücken, während sie sich Margrethlin entgegenneigen. Der Herr erkennt in ihr eine heilige Frau und nimmt sie samt dem Baume mit sich. Er macht sie zu einer großen, mächtigen Frau.

Mit »Aschenputtel« verwandt ist auch das Grimmsche Märchen »Einäuglein, Zweiäuglein und Dreiäuglein«. Sie sind Töchter einer Mutter. Da Zweiäuglein mit ihren zwei Augen so ist wie alle Menschen, wird sie verachtet, bekommt nur Abfälle zu essen, muß schwer arbeiten und oft hungern. Als sie beim Ziegenhüten vor Hunger weint, kommt eine Fee und nennt ihr den Zauberspruch »Ziege meck, Tischchen deck«. Da stehen köstliche Speisen vor ihr, und wenn sie satt ist, muß sie nur sagen »Ziege meck, Tischchen weg«, und alles ist verschwunden. Da sie nun zu Hause die Abfälle, die man ihr hinwirft, nicht mehr anrührt, kommen die Schwestern hinter ihr

Geheimnis, und die Ziege wird geschlachtet. Wieder erscheint die Fee und fordert Zweiäuglein auf, sich die Eingeweide der Ziege zu erbitten und sie zu begraben. Über Nacht wächst aus dem Grab ein Baum, der silberne Blätter und goldene Früchte trägt. Als ein Ritter kommt, muß Zweiäuglein sich unter einem Faß verstecken. Er verlangt nach einem Zweig von dem Baum, aber die Schwestern können weder die Früchte pflücken noch einen Zweig abbrechen, er neigt sich nur Zweiäuglein zu. Sie rollt unter dem Faß ein paar goldene Äpfel hervor, der Ritter entdeckt sie und macht Zweiäuglein zu seiner Frau. Der Baum wandert mit ihnen mit. Später sind die beiden Schwestern Bettlerinnen und werden von Zweiäuglein liebevoll aufgenommen und versorgt.

Das Erdkühlein, die Ziege und ähnliche Tiere, die in anderen Varianten auftauchen, sind Symbolgestalten der alten Muttergöttin. Sie wird auch durch Tötung nicht vernichtet, sondern erscheint neu in verwandelter Gestalt. Diese Tiere, eine Fee oder die Patin sind jeweils Verkörperungen des helfenden Geistes der Mutter und ihrer Weisheit, gegen die alle Bosheit letztlich machtlos ist.

Die Häufigkeit des Motivs von der Bosheit der Stiefmutter und der Stiefschwestern gegenüber der meist jüngsten Tochter wirft die Frage auf, was seine Wurzel ist. Keineswegs ist es doch heute so, daß die jüngste Tochter in einer Familie so oft oder überhaupt mit derart tödlichem Haß verfolgt wird. Erst ein Blick in die matriarchale Epoche zurück bringt Licht in dieses Motiv.

In der Zeit des Mutterrechts gehörten Grund und

Boden und alles Eigentum der Mutter und wurden von ihr vererbt, und zwar stets an die jüngste Tochter, weil sie, als zuletzt geboren, das Leben am weitesten in die Zukunft zu tragen versprach. Wenn die Mütter Königinnen waren, war entsprechend die jüngste Tochter die Erbprinzessin. Diese Erbfolge nun hat offenbar immer schon den Neid der älteren Schwestern hervorgerufen, wenn man den Märchen glauben will, bis hin zu Mordgelüsten. Aber noch etwas anderes gehört zum Schicksal der Erbprinzessin. Um ihrer späteren Aufgabe gewachsen zu sein, mußte sie eingeweiht werden in das weibliche Wissen. Ein Beispiel dafür ist nach Heide Göttner-Abendroth[9] das Märchen von Frau Holle. Was Goldmarie bei ihr lernt, Äpfel ernten, Brot backen und die Betten schütteln, ist mehr als hausfraulicher Fleiß. Es handelt sich um alle die weiblichen Künste, denen die Menschheit ihre Kultur verdankt und die ursprünglich als Gaben weiblicher Gottheiten geehrt wurden. Was die Heldinnen unserer Märchen, verfolgt vom Haß der Schwestern, erleiden und dabei lernen, ist demnach ein Nachklang ihrer Initiation in die weiblichen Mysterien. Dem entspricht, daß sie dabei den helfenden Geist der Muttergöttin erfahren, von ihm geleitet, beschützt und schließlich erhöht werden.

Bei Aschenputtel ist diese Initiation nur noch sehr verhüllt zu erkennen. Trotzdem: daß sie Wasser tragen, Feuer anmachen, kochen und waschen muß, wäre ein erster Hinweis. Millionen Frauen auf der ganzen Erde tun dies seit Jahrtausenden. Und es ist keine Schande, sondern vielmehr ein Ruhmesblatt der Frauen, daß sie dies nicht nur tun, sondern diese

Künste, denen wir unsere Zivilisation verdanken, allererst erfunden haben. Bis heute setzt man bei einer Frau voraus, daß sie diese hausfraulichen Künste beherrscht. Ausnahmen bestätigen die Regel.

Was neu und anders ist in patriarchaler Zeit und bis heute, ist die soziale Geringschätzung dieser lebenswichtigen Tätigkeiten. Ausdruck dafür ist heute, daß Hausfrauenarbeit nicht bezahlt wird und daß auch für ein weises, nämlich ökologisch richtiges Wassertragen, Feuermachen, Kochen und Waschen Phantasie und Mittel fehlen. Ausdruck dafür ist im Märchen, daß die Schwestern Aschenputtel »obendrein alles ersinnliche Herzeleid« antun, das heißt den Wert ihres Tuns herabsetzen. Was einst weibliches Mysterium war, gilt nun als Schande. Die Kunst, die einst den Glanz einer Königin ausmachte, ist nun herabgedrückt zur Sklavenarbeit. Und während einst das Lager der Priesterin oder Königin heiligstes Symbol des ganzen Volkes war, weil von ihm als Ort der Heiligen Hochzeit Segen, Fruchtbarkeit und Wohlergehen für alle ausgingen, wird Aschenputtel das Bett ganz verweigert, sie muß in der Asche liegen. Der Schoß, der einst als göttlich galt, wird nun schmutzig gescholten. Der Erbprinzessin wird nicht nur die Anwartschaft auf ihr Erbe streitig gemacht, sondern ihr Erbe selbst wird bis zur Unkenntlichkeit entwertet.

Heute ist bei Frauen, welche die männliche Überlegenheit verteidigen und sich – oft mit großem Nachdruck – männliche Wertmaßstäbe und Denkkategorien zu eigen machen, immer ein Selbsthaß mit im Spiel, eine Verachtung des Weiblichen. Dem Weiblichen wird in ihnen selbst eine Aschenputtelrolle zugeteilt. Das Argument, mit dem die Schwestern Aschenputtel in die Küche verbannen: »Wer Brot essen will, muß es verdienen«, klingt unanfechtbar. Es erinnert daran, wie C. G. Jung den Animus beschreibt, den männlichen Teil in der Frau: »Der Animus ist etwas wie eine Versammlung von Vätern und sonstigen Autoritäten, die ex cathedra unanfechtbare, ›vernünftige‹ Urteile aufstellen. Bald erscheinen diese Meinungen in der Form des sogenannten gesunden Menschenverstandes, bald in der Form von borniertem Vorurteilen.«[10] Dieser Animus ist ein patriarchaler Animus, den Frauen im Laufe der Geschichte assimiliert haben. Er ist nicht zu verwechseln mit dem matriarchalen Animus, einem verbindenden, kreativen Geist, der ursprünglich zur Frau gehört. In unserem Märchen erscheint er in Gestalt der Tauben.

Den Geist oder das »garstige und schwarze Herz« der Stiefschwestern könnte man als Krähe oder Geier charakterisieren. Krähen und Geier fressen Aas, sie gehörten früher zum Gefolge der Todesgöttin. Doch während ihre lebenswichtige Funktion ist, Totes und Verdorbenes zu beseitigen, hackt der Krähengeist der Schwestern nun auf der Erbprinzessin herum, die doch Trägerin des Lebens ist. Die natürliche Ordnung der Lebensrhythmen ist im Patriarchat zerstört, und so wird der Geist zum Widersacher des Lebens.

Neid und damit verbundener Selbsthaß der Frau verbindet sich mit patriarchalem »Geist« – und dies charakterisiert die Selbstentfremdung der Frau im Patriarchat. Gängige Vorurteile wie »Wer Brot essen

40

will, muß es verdienen« geben diesem destruktiven Geist aber den Anschein des Rechts, machen ihn »schön und weiß von Angesicht«. Von dieser Fassade lassen sich erstaunlich viele Leute blenden, und der Anschein des Rechts verbirgt im privaten und öffentlichen Leben bis heute viel Garstiges und Schwarzes. Jesus zürnte: »Wehe euch, ihr Schriftgelehrten und Pharisäer, ihr Heuchler, daß ihr geweißten Gräbern gleich seid, die auswendig schön erscheinen, inwendig aber voll von Totengebeinen und allem Unrat sind« (Matthäus 23,17).

Ähnlich der Mutter ist die Tochter unter der Asche begraben, zugedeckt vom Staub der Geschichte, unsichtbar geworden durch die wegwerfende Entwertung weiblicher Kultur. In Träumen heutiger Menschen kommt manchmal eine verstaubte Rumpelkammer vor oder ein von Spinnwebfäden durchzogener Keller, verbunden mit der Ahnung, daß hier kostbare Schätze verborgen sind, wie Archäologen sie manchmal in vergessenen Höhlen oder unter jahrhundertealtem Schutt entdecken. Was wir von den frühen matriarchalen Kulturen heute wissen, verdanken wir dem Fleiß der Archäologen, die dort suchten und nachgruben, wo niemand etwas Wertvolles oder Sinnvolles vermutete. In ähnlicher Weise arbeitet die tiefenpsychologische Traumdeutung, wenn sie Träume, die aus den tiefen Schichten des Unbewußten stammen, dem Bewußtsein näher bringt. Trotzdem werden Träume auch heute noch oft für Abfall gehalten, für Tagesreste, die der Beachtung nicht wert sind. Welche schöpferische Kraft im Abfall, im Weggeworfenen verborgen sein kann, darauf weisen die verwandten Märchen hin. Aus den Eingeweiden der geschlachteten Ziege, aus Hufen, Horn und Schwanz des Erdkühleins wächst über Nacht ein wunderbarer Baum. Und in dem Märchen von Charles Perrault zaubert die Patin aus Mäusen, Ratten, Eidechsen und einem Kürbis eine glänzende Ausstattung.

Warum aber läßt Aschenputtel sich diese Behandlung gefallen und lehnt sich nicht auf? Selbstbewußte junge Frauen von heute empören sich gegen dieses duldende Mädchen, das sich klaglos in sein ungerechtes Schicksal fügt. Auf dem Hintergrund einer Ideologie, die der Frau das Dienen zuschrieb, ist dieser Protest verständlich. Er zeigt zugleich, wie tief verschüttet das Wissen um original Weibliches und seinen Entwicklungsweg heute ist. Einmal ist zu beachten, daß Aschenputtel eine Trauernde ist. Ihre seelische Energie ist nach innen gerichtet, zum Grab der Mutter, die äußeren Umstände, unter denen sie leben muß, spiegeln für sie nur den viel größeren Verlust, den sie beweint. Zum anderen: Wenn es zutrifft, daß die Arbeit am Herd und die Entbehrungen zum weiblichen Initiationsweg gehören, ist das Verhalten Aschenputtels ein Hinweis darauf, daß sie einwilligt in den Weg, der ihr von ihrer Mutter her vorgezeichnet ist. Geduld, Leidensfähigkeit, Tragfähigkeit sind Eigenschaften des Weiblichen. Da sie jahrhundertelang mißbraucht und ausgebeutet wurden, ist es für viele Frauen heute schwer, sich zu diesen Tugenden überhaupt noch zu bekennen. Emanzipation ist das neue Ziel der Frau geworden, und oft genug führt sie zur Übernahme männlicher Verhaltensmuster. Gewiß

muß eine Frau von heute auch Mut, Durchsetzungsfähigkeit und sogar Kampfgeist erwerben. Die Frage
ist nur, ob es nicht auch einen weiblichen Mut, weibliche Durchsetzungsfähigkeit und weiblichen Kampfgeist gibt statt nur die bekannten männlichen Muster.
Sollen aber die wirklich weiblichen Eigenschaften
entwickelt und nicht nur männliche nachgeahmt werden, gelingt dies wohl nur, wenn jede Frau das Weibliche vollständig entwickelt und es schließlich ganz
einbringt in ihre Lebensgestaltung. Wie eine solche
Entwicklung des Weiblichen vor sich gehen kann,
dafür ist Aschenputtels Weg ein Beispiel. Bei ihr
jedenfalls beginnt er nicht mit dem Aufbegehren,
sondern mit dem Dulden.

Der Haselnußbaum

Es trug sich zu, daß der Vater einmal in die Messe ziehen wollte; da fragte er die beiden Stieftöchter, was er ihnen mitbringen sollte? »Schöne Kleider«, sagte die eine, »Perlen und Edelsteine« die zweite. »Aber du, Aschenputtel«, sprach er, »was willst du haben?« – »Vater, das erste Reis, das Euch auf Eurem Heimweg an den Hut stößt, das brecht für mich ab.« Er kaufte nun für die beiden Stiefschwestern schöne Kleider, Perlen und Edelsteine, und auf dem Rückweg, als er durch einen grünen Busch ritt, streifte ihn ein Haselreis und stieß ihm den Hut ab. Da brach er das Reis ab und nahm es mit. Als er nach Haus kam, gab er den Stieftöchtern, was sie sich gewünscht hatten, und dem Aschenputtel gab er das Reis von dem Haselbusch. Aschenputtel dankte ihm, ging zu seiner Mutter Grab und pflanzte das Reis darauf und weinte so sehr, daß die Tränen darauf niederfielen und es begossen. Es wuchs aber und war ein schöner Baum.

Schenken und Beschenktwerden ist Ausdruck der Beziehung. Wer mit Reichtum beschenken kann, ist reich, und wer sich reich beschenken läßt, ist abhängig. Es paßt gut zum Bild der Stiefschwestern, die schön und weiß von Angesicht sind, daß sie sich mit schönen Kleidern und Schmuck beschenken lassen. Sie spiegeln damit den Reichtum ihres Vaters, und der Vater findet sich in ihrer Schönheit selbst bestätigt. Wie das Märchen später zeigt, ist es aber ursprünglich die Mutter, die ihre Tochter mit schönen Kleidern beschenkt und schmückt. Seit aller Besitz Eigentum des Vaters geworden ist, empfangen Töchter als Geschenk, was ihnen ursprünglich ohnehin gehörte. Die Abhängigkeit der Frauen und Töchter von Geld und Gut des Mannes und Vaters ist ein typisches Merkmal des Patriarchats und festigt zugleich die männliche Herrschaft. In extremen Fällen werden Frauen und Töchter zu Puppen, deren Ausstaffierung dazu dient, den Reichtum ihres Herrn sichtbar zu machen.

Großzügig zu schenken ist ursprünglich eine Eigenschaft huldreicher Göttinnen und Königinnen. Die Lust am Schenken ist noch heute im weiblichen Instinkt verwurzelt. Im Patriarchat haben Väter und Könige diese matriarchale Fähigkeit assimiliert, und hier wie dort ist sie Ausdruck des Vermögens und der Überlegenheit.

Auch Aschenputtel kommt in den Genuß der väterlichen Großzügigkeit. Auch er nennt seine Tochter »Aschenputtel« und paßt sich damit dem Sprachgebrauch seiner neuen Frau und deren Töchter an. Immerhin übergeht er sie nicht. Auch sie hat einen Wunsch frei und wünscht sich doch gerade nicht, was ihr die Stiefschwestern weggenommen haben, schöne Kleider und Schuhe, sondern etwas scheinbar Wertloses, einen grünen Zweig.

Der auf Reisen gehende Vater, der seine drei Töchter nach ihren Wünschen fragt, ist ein Motiv, das ebenfalls in vielen Märchen wiederkehrt. In dem Märchen »Das Nußzweiglein« von Ludwig Bechstein[11] ist es ein reicher Kaufmann, von dem sich die beiden älteren Töchter Schmuck und Edelsteine wünschen, während die Jüngste sich an das Herz des Vaters schmiegt und flüstert: »Mir ein schönes grünes Nußzweiglein, Väterchen.« Auf dem Heimweg ist der Kaufmann betrübt, weil er den Schmuck kaufen konnte, den Zweig aber nicht fand. Dann, in einem dichten Gebüsch, stößt er mit seinem Hut an einen Zweig, und wie er aufsieht, ist es ein »schöner, grüner Nußzweig, daran eine Traube goldner Nüsse hing«. Er bricht ihn ab, und im selben Augenblick springt ein grimmig brummender Bär aus dem Dickicht und droht, den Kaufmann zu zerreißen. Um sein Leben zu retten, muß der Kaufmann ihm versprechen, was ihm zu Hause zuerst entgegenspringt. Doch ist das nicht, wie er erwartete, sein Pudel, sondern seine jüngste Tochter, die ihrem lieben Vater entgegenhüpft. Wie in anderen ähnlichen Märchen vom Tierbräutigam willigt die jüngste Tochter ihrem Vater zuliebe ein, die Braut des Bären zu werden, und erlöst ihn, er wird zu einem schönen jungen Mann. Vermutlich spiegelt sich in diesem Märchentyp eine inzestuöse Liebe zwischen Vater und Tochter. Der Vater wird plötzlich von seinem Begehren überfallen wie von einem wilden Tier. Der Haselnußzweig ist unter anderem ein erotisches Symbol, die »Lebensrute«. Der grüne Zweig mit einer Traube goldner Nüsse daran läßt an Deutlichkeit nichts zu wünschen übrig.

So wünschte sich Aschenputtel also die Liebe
ihres Vaters? Jedenfalls etwas Persönliches von ihm,
jedenfalls möchte sie, daß er sich erinnert, daß ihm
etwas an den Hut stößt und Vergessenes wachruft.
Und das könnte die Erinnerung nicht nur an seine
frühere Frau sein, sondern auch die Erinnerung an
seine ursprüngliche Liebe zu ihr. Auf dem Heimweg
soll ihm das geschehen, heimkehren soll er als ein
Verwandelter. Auch Aschenputtels Wunsch ist Ausdruck einer Beziehung, aber einer erotischen statt
einer, die ein Besitzverhältnis spiegelt.

Eigentümlich ist, daß diese Episode in der
ursprünglichen Fassung des Aschenputtelmärchens
von den Brüdern Grimm fehlt. Und da sie für den
Vater, wie der Fortgang des Märchens zeigt, auch
keine Folgen hat, wirkt sie wie ein Fremdkörper.
Vordergründig betrachtet, wird der Vater mit seinem
Geschenk für Aschenputtels weiteres Schicksal
außerordentlich wichtig, und doch bleibt er im Hintergrund und gibt gleichsam nur beiläufig, ohne zu
wissen, was er tut, seiner Tochter den Keim künftigen
Lebens.

Aschenputtel hat sich mit dem grünen Zweig
etwas von des Vaters männlicher Kraft schenken lassen. Das grüne Reis ist im Orient Symbol für den
jungen Vegetationsgott und in der Bibel für den Messias: »Ein Reis wird hervorgehen aus dem Stumpf
Isais und ein Schoß aus seinen Wurzeln Frucht tragen. Auf ihm wird ruhen der Geist des Herrn, der
Geist der Weisheit und der Einsicht, der Geist des
Rates und der Stärke, der Geist der Erkenntnis und
der Furcht des Herrn« (Jesaja 11,1ff.).

Speziell die Haselnuß hat aber im Orient kaum Bedeutung, weil sie dort nicht verbreitet ist. Dagegen ist sie in Europa eine uralte Zauberpflanze mit zahlreichen kultischen Beziehungen. Noch heute ist die Wünschelrute, mit der man Wasseradern aufspürt, eine Haselnußrute. Der Haselnuß wird die Macht zugeschrieben, vor bösen Geistern zu schützen, vor Ungeziefer und Schlangen und vor Gewitter. Selbst Maria soll auf der Flucht unter einem Haselnußbaum Schutz gesucht haben. Bauern pflanzten die Haselnuß in die vier Ecken ihres Gartens, weil sie gute kosmische Kräfte anziehe.

Der Haselnußbaum galt als Baum der Weisheit, und seine Früchte verliehen Schönheit und Wissen. Der Monat August galt als Monat des Haselstrauchs, weil da seine Früchte reifen. Diana, die Mondgöttin und Herrin des Hains, der Wälder, der Tiere und Geburten, wurde in Gallien im Haselnußbaum verehrt. Ein abgeschnittener Haselzweig galt als ihr Symbol. Diana ist eine jungfräuliche Göttin, und so konnte ihr Baum später auch zum Marienbaum werden, während er andererseits als »Hexenstock« beschimpft wurde. Die nahe Beziehung zwischen Diana und Maria wird auch daran erkennbar, daß am 15. August das Fest Mariä Himmelfahrt begangen wird. Ursprünglich galt der 13. August als Todestag der Mondgöttin Diana, der 15. August als ihr Auferstehungstag. Ganz offensichtlich handelte es sich ursprünglich um ein Neumondfest, und auf vielen Darstellungen erscheint die himmlische Maria auf einer Mondsichel stehend.

So mag es also die Göttin Diana selbst gewesen

sein, die dem Vater in Gestalt des Haselnußzweiges den Hut vom Kopf stieß, und Aschenputtel veranlaßte ihren Vater mit ihrem Wunsch dazu, wenn auch unabsichtlich, Diana zu huldigen, indem er einen Zweig von ihrem Baume brach und ihn seiner Tochter brachte.

Aschenputtel pflanzt den Zweig auf das Grab der Mutter und begießt ihn mit ihren Tränen, der Zweig schlägt Wurzeln und wird ein schöner Baum. Das Grab der Mutter, nun mit dem Baum darauf, ist das geheime Zentrum des ganzen Märchens, zu dem zunächst nur Aschenputtel Zugang hat. Weder der Vater noch die Stiefmutter und deren Töchter scheinen den Weg dorthin zu kennen. Für Aschenputtel ist es ein Wallfahrtsort, zu dem sie immer wieder geht, ein heiliges Grab, das Mittelpunkt ihres Lebens ist. Seit nun der Baum dort wächst, ist die Mutter für sie nicht mehr tot, sondern lebendig.

Ebenso wie fast alle Religionen einen heiligen Baum als Mittelpunkt der Welt schildern, hat auch der Mensch einen psychischen Mittelpunkt, nur daß nicht jeder den Weg dorthin kennt. Es ist möglich, sich vorzustellen, daß ein Mann oder eine Frau eine bewußte Haltung hätten wie der reiche Mann oder die Stiefmutter. Und doch könnte seine Seele in ihm wie Aschenputtel weinen und wachen am Baum des Lebens und für lange Zeit stellvertretend für ihn die Verbindung aufrechterhalten zu Kräften, an die er nie denkt, ohne die er aber nicht zu leben vermöchte.

Das weiße Vöglein

*Aschenputtel ging alle Tage dreimal darunter,
weinte und betete, und allemal kam ein weißes Vöglein auf den Baum, und wenn es einen Wunsch aussprach, so warf ihm das Vöglein herab, was es sich
gewünscht hatte.*

Zu der Zeit, da das Wünschen noch geholfen
hat...«, beginnen einige alte Geschichten. Sie
machen darauf aufmerksam, daß irgend etwas vergangen ist, was einst war. Es schwingt darin wohl die
Erinnerung an Kindertage mit, in denen eine Mutter
dem Kind gab, was es zum Leben brauchte. Aber
ebenso ist wahr, daß die seelische Kraft bei vielen
verkümmert ist, die zum Wünschen nötig ist. Die
Macht der äußeren Verhältnisse erscheint heute so
groß und zwingend, daß es nicht lohnend erscheint,
die Schwingen der eigenen Seele zu erheben, um
dagegen anzuwünschen. [Robert Jungk lehrt in seinen
Zukunftswerkstätten die Leute, wieder zu wünschen.]
Denn Wünsche und gute Gedanken sind Energien,
die sehr wohl Einfluß haben auf das äußere Geschehen. Aus Angst vor Magie und Zauberei sind diese
menschlichen Fähigkeiten seit langem zugunsten
rationaler Skepsis unterdrückt worden. In jüngster

Zeit wird aber wieder bewußt, wie stark negative Gedanken und negative unbewußte Vorstellungen das Innenleben verdüstern, krank machen und auch äußere Unglücksfälle geradezu magisch herbeiziehen. Dagegen die »weiße Magie« des Wünschens aufzubieten erfordert seelische Übung und Konzentration. Denn niemand wünscht sich und anderen Gutes oder Schlechtes, ohne daß das Folgen hat. Es ist wirklich möglich, sich selbst und andere zu verwünschen, doch ebenso möglich, hilfreiche Kräfte herbeizuwünschen und mit guten Gedanken die negativen zu vertreiben. Die demütigenden Erfahrungen, die Aschenputtel machte, hätten Haß und Zorn leicht in ihr überhandnehmen lassen können. Es ist eine fast übermenschliche innere Arbeit, die sie leistet, und das dreimal täglich, wenn sie unter dem Baum all ihren Kummer ablädt und sich mit aller Kraft auf die reine und reinigende Kraft der Mutter einstimmt. So sind auch ihre Wünsche, die ihr erfüllt werden, offensichtlich ganz anderer Art, als man erwarten sollte: nicht Befreiung aus ihrem Elend, nicht Rache oder Reichtum, denn ihre äußeren Verhältnisse ändern sich zunächst nicht. Was sie sich wünscht und bekommt, ist wohl eher die geistige Kraft, auszuharren, und die Liebe, die Haß überwindet. Ausdruck dafür ist das weiße Vöglein, das ihr im Baum erscheint. Im Volksglauben ist ein weißes Vöglein oder eine weiße Taube ein Seelenvogel, in dem sich der Geist eines Verstorbenen zeigt. So knüpft Aschenputtel die Beziehung zu ihrer Mutter immer enger, identifiziert sich immer entschlossener mit ihr und wächst selbst daran. Wo zunächst nur ein Grab war, grünt nun ein Baum, in dem der weiße Vogel erscheint. Diese Erweiterung ist ein Sinnbild für das innere Wachstum der Tochter.

In der bereits erwähnten Urfassung des Märchens von den Brüdern Grimm hatte die Mutter schon auf ihrem Sterbebett der Tochter das Pflanzen des Baumes geboten: »Liebes Kind, ich muß dich verlassen, aber wenn ich oben im Himmel bin, will ich auf dich herab sehen, pflanz ein Bäumlein auf mein Grab, und wenn du etwas wünschest, schüttele daran, so sollst du es haben, und wenn du sonst in Noth bist, so will ich dir Hülfe schicken, nur bleib fromm und gut.«[12] Diese Version erinnert an den Rat des Erdkühleins und der Fee in den anderen Märchen, der dem verwaisten Mädchen den Wunderbaum wachsen läßt.

Ein Gebet zu Diana, es wird als »Beschwörungsformel norditalienischer Hexen« bezeichnet, lautet:

»Große Diana du,
die du die Königin des Himmels und auf Erden bist
und der gesamten Unterwelt – ja du,
die du Beschützerin
aller unglücklichen Menschen bist,
der Diebe und Mörder
und auch der Frauen,
die ein schlimmes Leben führen,
und doch hast du gewußt,
daß ihre Arbeit nicht böse ist,
du, Diana,
hast trotzdem noch etwas Freude
in ihr Leben gebracht.«[13]

Bis ins 19. Jahrhundert hinein wurde Diana von Zigeunern und vom niederen Volk, von Entrechteten, wie früher von Sklaven, als ihre Schutzpatronin verehrt. Darin spiegelt sich sowohl die ursprüngliche Funktion der Göttin als auch das Abwandern ihres Kults in Kreise, die der herrschenden Schicht und dem offiziellen Dogma fernstanden.

Linsen in der Asche und die hilfreichen Tauben

Es begab sich aber, daß der König ein Fest anstellte, das drei Tage dauern sollte und wozu alle schönen Jungfrauen im Lande eingeladen wurden, damit sich sein Sohn eine Braut aussuchen möchte. Die zwei Stiefschwestern, als sie hörten, daß sie auch dabei erscheinen sollten, waren guter Dinge, riefen Aschenputtel und sprachen: »Kämm uns die Haare, bürste uns die Schuhe und mache uns die Schnallen fest, wir gehen zur Hochzeit auf des Königs Schloß.« Aschenputtel gehorchte, weinte aber, weil es auch gern zum Tanz mitgegangen wäre, und bat die Stiefmutter, sie möchte es ihm erlauben.
»Du Aschenputtel«, sprach sie, »bist voll Staub und Schmutz und willst zur Hochzeit? Du hast keine Kleider und Schuhe und willst tanzen!« Als es aber mit Bitten anhielt, sprach sie endlich: »Da habe ich dir eine Schüssel Linsen in die Asche geschüttet; wenn du die Linsen in zwei Stunden wieder ausgelesen hast, so sollst du mitgehen.« Das Mädchen ging durch die Hintertüre nach dem Garten und rief: »Ihr zahmen Täubchen, ihr Turteltäubchen, all ihr Vöglein unter dem Himmel, kommt und helft mir lesen,

    die guten ins Töpfchen,
    die schlechten ins Kröpfchen.«

Da kamen zum Küchenfenster zwei weiße Täubchen
herein und danach die Turteltäubchen, und endlich
schwirrten und schwärmten alle Vöglein unter dem
Himmel herein und ließen sich um die Asche nieder.
Und die Täubchen nickten mit den Köpfchen
und fingen an: pik, pik, pik, pik, und da fingen die
übrigen auch an: pik, pik, pik, pik, und lasen alle
guten Körnlein in die Schüssel. Kaum war eine
Stunde herum, so waren sie schon fertig und flogen
alle wieder hinaus. Da brachte das Mädchen die
Schüssel der Stiefmutter, freute sich und glaubte, es
dürfte nun mit auf die Hochzeit gehen. Aber sie
sprach: »Nein, Aschenputtel, du hast keine Kleider
und kannst nicht tanzen: du wirst nur ausgelacht.«
Als es nun weinte, sprach sie: »Wenn du mir zwei
Schüsseln voll Linsen in einer Stunde aus der Asche
reinlesen kannst, so sollst du mitgehen«, und dachte,
das kann es ja nimmermehr. Als sie die zwei
Schüsseln Linsen in die Asche geschüttet hatte, ging
das Mädchen durch die Hintertüre nach dem Garten
und rief: »Ihr zahmen Täubchen, ihr Turteltäubchen,
all ihr Vöglein unter dem Himmel, kommt und
helft mir lesen,

    die guten ins Töpfchen,

    die schlechten ins Kröpfchen.«

Da kamen zum Küchenfenster zwei weiße Täubchen
herein und danach die Turteltäubchen, und endlich
schwirrten und schwärmten alle Vöglein unter dem
Himmel herein und ließen sich um die Asche nieder.
Und die Täubchen nickten mit ihren Köpfchen und
fingen an: pik, pik, pik, pik, und da fingen die
übrigen auch an: pik, pik, pik, pik, und lasen alle

guten Körner in die *Schüsseln*. Und eh eine halbe
*Stunde herum war, waren sie schon fertig und
flogen alle wieder hinaus*. Da trug das Mädchen die
*Schüsseln zu der Stiefmutter, freute sich und glaubte,
nun dürfte es mit auf die Hochzeit gehen. Aber sie
sprach:* »*Es hilft dir alles nichts: du kommst nicht
mit, denn du hast keine Kleider und kannst nicht
tanzen; wir müßten uns deiner schämen*.« *Darauf
kehrte sie ihm den Rücken zu und eilte mit ihren
zwei stolzen Töchtern fort.*

Mit der Ankündigung des Brautwahlfestes am
Hof des Königs leitet das Märchen nun die
dramatische Krise ein. Jetzt geht es darum, welche
Frau Königin wird. Bei Musik, Spiel und Tanz soll der
Königssohn sich eine Braut wählen. Ginge es nach
dem Willen der Stiefmutter und der Stiefschwestern,
dann geriete dieses Fest zu einem Jahrmarkt der
Eitelkeit, auf dem sich die Jungfrauen des Landes zur
Schau stellen. Und so bliebe dem Königssohn nur die
Wahl zwischen mehreren schönen weißen Gesichtern,
Masken, durch die er nicht hindurchschauen könnte,
es sei denn, die Göttin der Liebe erschiene selbst auf
dem Fest und machte es zu dem, was es sein soll: zum
Fest der Heiligen Hochzeit.

Musik, Spiel und Tanz, Duft und schöne Kleider
gehören durchaus zum Fest der Heiligen Hochzeit,
bei dem die Göttin der Liebe, vertreten durch eine
Priesterin, sich einen Mann zum Gemahl wählt, ihn
begrüßt, salbt, mit einem Festgewand schmückt und
auf den Thron erhebt als ihren »Sohn« und Geliebten
zugleich, den sie zum König kürt. Solche Feste als

Feier der Heiligen Hochzeit sind aus dem Orient bekannt, wurden in matriarchal empfindenden Epochen aber auch in Europa zweifellos begangen. Verschieden sind die Überlieferungen über ihren Termin. Es waren Frühlingsfeste, bei denen zugleich das Erwachen der Vegetation gefeiert wurde; Erntefeste, bei denen der Tod des alten und die Inthronisation des neuen Jahreskönigs im Mittelpunkt standen; oder Herbstfeste, die im Orient zu Beginn der Regenzeit nach der Sommerdürre begangen wurden. Eine Spur des Festes in unseren Breiten ist die Walpurgisnacht vor dem 1. Mai. Auf einen Frühjahrstermin deutet der sumerische Mythos von der Hochzeit der Himmels- und Liebesgöttin Inanna oder Ishtar mit Dumuzi oder Tammuz oder Adonis, dem Gott der grünen Vegetation, dem Hirten. Hirten und Herden begrüßen im Orient das Frühjahr, in dem selbst die Wüsten grünen und Nahrung geben. So wie Tammuz die Herden weidet, wird er als König zum Hirten der Menschen. Das biblische Bild des guten Hirten als des Königs der Heilszeit geht auf den Adonismythos zurück. Mit den Worten »Es begab sich aber...« beginnt die Weihnachtsgeschichte des Lukas in der Übersetzung Martin Luthers, eine Wendung, die den Anbruch der Heilszeit signalisiert. Die Hirten, die dem Jesuskind huldigen, erinnern an die Hirtengestalt des Adonis. Nun könnte es wirklich Frühling werden anstelle des toten Frühlings, bei dem der reiche Mann sich jene andere Frau wählte.

Doch noch wohnt Aschenputtel in der Asche, und es ist unvorstellbar, daß sie zum Tanz darf; es ist, als müsse ihr Fest, das Fest der Liebesgöttin, ohne sie stattfinden. Sie muß Kammerzofe spielen bei ihren Stiefschwestern. Ihr Sinn für Schönheit wird mißbraucht für bloße Eitelkeit. Während Aschenputtel ein weißes Vöglein über ihrem Haupt weiß, lassen die Schwestern sich nur die Haare kämmen. Während Aschenputtels Gestalt einem Haselnußbaum gleicht, lassen die Schwestern sich nur die Mieder schnüren, um eine gute Figur zu machen. Und während Aschenputtel ihren inneren Standort am Grab der Mutter hat, lassen die Schwestern sich nur die Schuhe bürsten. Über diesen krassen Widerspruch muß Aschenputtel weinen. Bisher hat sie nur heimlich am Grab der Mutter geweint, nun brechen ihre Tränen in Gegenwart der anderen hervor. Tränen wirken oft lösend, aber sie lösen hier nicht nur eine Erstarrung, sondern die heftige Erschütterung bringt Aschenputtel in Kontakt mit ihren vitalen Kräften. In ihren Tränen wird deutlich: Jetzt geht es nicht allein um sie selbst, jetzt geht es um die Wahrheit ihrer Mutter. Um ihretwillen wird aus der stillen Dulderin nun eine Kämpferin. Aschenputtel begehrt auf, sie wagt es, die Stiefmutter zu bitten, sie zum Tanz mitgehen zu lassen, und nimmt damit die Auseinandersetzung mit ihr auf.

Die Stiefmutter bietet alles auf, sie an der Teilnahme am Fest zu hindern. Zwar verspricht sie ihr, sie dürfe mitgehen, wenn sie die Linsen aus der Asche gelesen habe, aber sie hält ihr Versprechen nicht. Linsen in die Asche zu schütten, das erscheint wie eine sinnlose Schikane.

Linsen sind eine alte Kulturpflanze, schon seit dem 3. Jahrtausend vor Christus in Ägypten bekannt.

Linsen sind Samenkörner, fruchtbare Keime, und wie alle Hülsenfrüchte gelten sie seit alters speziell als weibliches Fruchtbarkeitssymbol. Sie in die Asche zu schütten bedeutet, sie am Keimen zu hindern, das Saatgut zu vergeuden. Wenn die Stiefmutter Aschenputtel das weibliche Fruchtbarkeitssymbol in die Asche schüttet, entspricht das einem Todeswunsch: Du sollst sterben, bevor du zu leben begonnen hast. Immer wieder begleitet sie ihre Abwehr mit der Begründung: »Du hast keine Kleider, und du kannst nicht tanzen.«

Dieses Argument und ihre mörderische Grausamkeit erinnern an den Mythos von der Höllenfahrt Ishtars aus Sumer: Sie stieg in die Unterwelt hinab und verlangte Eintritt in das Reich der Unterwelts- und Todesgöttin Ereschkigal. Sie mußte mehrere Tore durchschreiten, und bei jedem Tor wurden ihr Stück für Stück ihre Kleider und ihr Schmuck abgenommen, so daß sie zuletzt nackt vor Ereschkigal erscheinen mußte. Ereschkigal ließ sie quälen und hängte zuletzt ihren Leichnam an einen Nagel. Ishtar blieb in der Unterwelt gefangen, und auf der Erde versiegten Fruchtbarkeit und Liebe. Das bewog Enki, den Sohn der Allmutter, ihr durch zwei extra dafür geschaffene Wesen Lebensspeise und Lebenswasser zu bringen, so daß sie auferweckt wurde und auf die Erde zurückkehrte[14]. Es gibt verschiedene Deutungen dieses Mythos. Nach der einen nahm Ishtar die Höllenqualen auf sich, um den Vegetationsgott Dumuzi aus der Unterwelt zu erlösen. Nach orientalischer Auffassung starb der Vegetationsgott in der Trockenzeit und blieb Gefangener der Todesgöttin, bis es wieder regnete und das junge Grün aus der Erde sproß.

»Du hast keine Kleider und kannst nicht tanzen«, das heißt nicht leben und wirken. Das klingt wie der Hohn Ereschkigals gegenüber der nackten Ishtar, die in ihrer Gewalt ist. Daß die Stiefmutter mit ihrem Krähengeist der Todesgöttin gleicht, war schon aufgefallen. Herd und Asche, wo Aschenputtel leben muß, offenbaren nun ihren Höllencharakter. Alles, was Aschenputtel bisher tat, Wasser tragen, Feuer machen, kochen und waschen, kann als Teil des Initiationsritus der Erbprinzessin verstanden werden. Auch die Fahrt in die Unterwelt, ins Jenseits, gehört offenbar dazu. Dort muß es sich erweisen, ob sie einen Kern hat, der unzerstörbar ist. Indem sie die guten Linsen ins Töpfchen sammelt, gewinnt sie sich selbst, sammelt sie ihre Liebe und Fruchtbarkeit und unterscheidet sie vom Tod.

Hartmut Schmökel[15] vermutet im Preislied auf die Liebe im Hohenlied eine Erinnerung an die Höllenfahrt Ishtars:

»Stark wie der Tod ist die Liebe,
hartnäckig wie die Unterwelt die Leidenschaft;
ihre Gluten sind Gluten Gottes,
ihre Flammen Flammen Jahs!
Große Wasser können sie nicht löschen,
Ströme schwemmen sie nicht fort.
Gäbe einer den ganzen Reichtum seines Hauses
um Liebe,
dürfte man ihn verachten?«

Hoheslied 8,6.7

Aschenputtel ruft zur Erfüllung der schier unlösbaren Aufgabe die Tauben herbei. Die Tauben gelten seit alters als heilige Tiere der Ishtar und später der griechischen Liebesgöttin Aphrodite. Das Schnäbeln, mit dem sie ihr Liebesspiel einleiten, sowie ihr Gurren lassen sie als besonders zärtlich erscheinen. Die Taubenmutter legt in der Regel nur zwei Eier, aber dafür kann sie im Jahr drei- bis viermal brüten, und dies machte sie wohl zum Symbol der Fruchtbarkeit und der Liebe. Die wilde Felsentaube wurde schon vor fünf Jahrtausenden domestiziert. Wie alle Vögel mit hellem oder weißem Gefieder gelten die Tauben als Vermittler zwischen dem himmlischen und dem irdischen Bereich, als Träger guter Botschaften. So wurden sie in späterer Zeit zu Symboltieren der himmlischen Weisheit und in der Bibel zu Trägern des Heiligen Geistes.

Es ist demnach der Geist ihrer Mutter, den Aschenputtel zu Hilfe ruft, um die Linsen aus der Asche zu lesen. Und daß die Tauben, die Turteltauben und alle Vögel unter dem Himmel ihrem Ruf folgen, zeigt, welche magische Wünschmacht ihr zugewachsen ist. Um sie zu rufen, geht Aschenputtel zur Hintertür, die in den Garten führt. Sicher nutzte sie bei ihrer Arbeit die Hintertür, den Dienstboteneingang, öfter als die Vordertür an der Fassade des Hauses. Hintertür und Garten waren ihr eigenes bescheidenes Reich. Diese hintere, von den anderen kaum benutzte Tür bezeichnet darum den Zugang nach innen, in den seelischen Bereich, den Aschenputtel sich immer bewahrt hat, als einen heimlichen Garten, von dem aus sie den Himmel sehen kann mit allen Vögeln, das Reich ihrer Träume und Phantasien. Jetzt, durch das Weinen geweckt, ruft sie alle ihre seelischen Kräfte zu Hilfe:

»Die guten ins Töpfchen,
die schlechten ins Kröpfchen.«

Wären diese Tauben natürliche Vögel, vermöchten sie ein solches Gebot nicht zu erfüllen, sondern würden selbstverständlich auch die guten Linsen fressen. Als Vögel der Weisheit und der Liebe aber sortieren sie wie geheißen. Und dabei gehen sie nicht nur sprichwörtlich sanft vor. Ihr »pik, pik, pik, pik« klingt entschlossen. Da sie die schlechten Linsen ins Kröpfchen nehmen, ist es geradezu so, als verstünden sie auch die Aufgabe der Krähen, Verdorbenes zu beseitigen. Das Unterscheiden von Totem und Lebendigem gelingt nur mit der Entschlossenheit, die dem Schlechten zuleibe rückt.

Linsen in die Asche schütten und sie mit Hilfe der Tauben herauslesen – das wird zum Sinnbild für die Auseinandersetzung zwischen der Stiefmutter und Aschenputtel. Linsen und Asche haben eine ähnliche Farbe; wenn beide vermengt sind, ergibt das ein für das Auge ununterscheidbares Gemisch, aschfahl und grau. Die Stiefmutter selbst meint, zwei Schüsseln Linsen in einer Stunde aus der Asche lesen, das könne die Tochter nimmermehr. Sie selbst könnte es nicht. Eine Frau, die sich mit dem patriarchalen Denken identifiziert, kennt das Weibliche in sich selbst nicht. Sie kann nicht differenzieren zwischen den Lebens- und Todesaspekten des Weiblichen und darum nicht unterscheiden, wann der eine wirksam werden muß und wann der andere am Platz ist. Unversehens, weil unbewußt, zerstört sie, wenn sie das Leben fördern sollte, oder fördert Wachstum, wo Abbau an der Zeit wäre. Äußert sich das Weibliche aber unbewußt, nimmt es verzerrte und dämonische Züge an, immer erscheint es verkehrt. So erleben viele Frauen das Weibliche in sich selbst als Nur-Asche. »Du bist voll Staub und Schmutz«, sagen sie zu sich selbst wie die Stiefmutter zu Aschenputtel. Doch während sie meinen, statt dessen rational und realitätsangepaßt zu denken und zu handeln, durchkreuzt das unbewußte Weibliche ihr Verhalten und macht es lebens- und liebesfeindlich. Es mangelt ihnen an der Weisheit des Lebens.

Die patriarchale Kultur hat so gut wie alle Überlieferungen weiblicher Religion ausgemerzt und unterdrückt und läßt Mädchen und Frauen in Unkenntnis über ihr eigenes Wesen. Das führt dazu, daß sie entweder eine »dumme Gans« bleiben, wie die Stiefschwestern Aschenputtel nennen, oder besessen werden von jenem destruktiven Krähengeist, der sich mit patriarchaler Abwertung des Weiblichen verbindet. Eine Initiation des Mädchens in die Rolle der Frau findet nicht statt, sondern jedes Mädchen übernimmt wohl oder übel die verzerrten und entstellenden Bilder des Patriarchats von der Frau und damit Minderwertigkeitsgefühle und ungeklärte Ängste aus der eigenen Mutterbeziehung. Wie inzwischen zahlreiche autobiographische Zeugnisse und psychologische Analysen belegen, sind die Mutter-Tochter-Konflikte keineswegs einfacher zu lösen als die zwischen Mutter und Sohn. Auch das Mädchen muß, wenn es ein eigener Mensch werden will, sich von der leiblichen Mutter unterscheiden lernen. Und das ist heute besonders schwierig, weil die meisten Mütter selbst ihre weibliche Seite kaum kennen und statt dessen von patriarchalem Denken überfremdet sind. Manche Tochter erlebt ihre Mutter vorwiegend als patriarchal, weil aus ihr der Geist eines negativen Vaters spricht. Die gegenwärtige Kultur stellt weder Rituale noch Maßstäbe zur Verfügung, die dem heranwachsenden Mädchen helfen können. Alle Linsen, alle fruchtbaren weiblichen Keime, bleiben so mit Asche vermengt, mit dem undurchschaubaren Bodensatz dessen, was abwertend Mütterlich-Weibliches genannt wird. Viele junge Mädchen blicken mit Abscheu und Ekel auf den eigenen weiblichen Leib und wünschen, wenn schon nicht ein Mann zu sein, so sich doch mit männlichen Tugenden wie der Klarheit des Denkens in einem leibfernen Kopf identifizieren zu können.

Der Initiationsritus der Erbprinzessin, wie er durch das Märchen hindurchschimmert, ist ein Modell und Beispiel dafür, wie dem Mädchen die Verselbständigung gelingen kann. Sie braucht dafür das Bild einer überpersönlichen Mutter, einer Geistmutter oder weiblichen göttlichen Gestalt, an der sie sich orientieren kann und von der sie die Maßstäbe bezieht für die Unterscheidung der weiblichen Möglichkeiten in sich selbst, die sie in ihr Töpfchen sammelt, also sich zu eigen macht, und anderen, die sie als nicht zu sich gehörig abweist. Und sie braucht den Geist dieser göttlichen Mutter erst recht, um mit seiner Hilfe patriarchales Denken von matriarchaler

Kreativität unterscheiden zu können. Das gelingt nicht, wenn sie das patriarchale Denken und Verhalten bekämpft, denn durch die Auseinandersetzung mit ihm würde es gerade ein Teil von ihr selbst. Sondern es gelingt, indem sie sich bewahrt, sich sammelt, so wie Aschenputtel die guten Linsen ins Töpfchen.

Wie die Wiederholung der Aufgabe, die Linsen aus der Asche zu lesen, zu verstehen gibt, ist diese Trennung ein langwieriger Prozeß, der nicht mit einem Mal vollendet ist. Daß es Aschenputtel aber gelingt, in immer kürzerer Zeit immer mehr Linsen reinzulesen, macht auch deutlich, daß die Suche nach der eigenen Identität, ist erst ein Anfang gemacht, immer sicherer und damit immer rascher zum Ziel führt.

So wie manche Mutter, ihrer eigenen Weiblichkeit unbewußt und sie selbst verabscheuend, mit Eifersucht und Mißbehagen sieht, wie ihre Tochter zu einer schönen jungen Frau heranreift, staunt auch die Stiefmutter über die Fähigkeiten Aschenputtels, weigert sich aber, sie anzuerkennen. Die Tochter soll ihrem Machtbereich nicht entkommen, sie soll ein Kind bleiben, das ihr allein zu dienen hat. Aber auch Aschenputtel lernt erst allmählich, daß sie mit ihrer Bitte, zum Tanz gehen zu dürfen, bei der Stiefmutter an der falschen Adresse ist. Sie holt sich wiederholt eine demütigende Abfuhr. Denn es ist ja keine liebevolle Mutter, die sie vor sich hat, sondern eine Frau, die von patriarchal-destruktivem Geist besessen ist, der sich alle Autorität anmaßt. Durch kaum etwas wird das Patriarchat so wirksam gestützt wie durch solche Mütter. Ihre Gebote und Verbote, die jedes Kind über viele Jahre hindurch verinnerlicht, können in vielen Menschen ihr Leben lang wie ein Gefängnis wirken, aus dem sie den Ausweg nicht finden – zu ihrem Tanz, zu ihrem eigenen Leben. Und in einer Kultur und Religion, die nur einen Vatergott kennt, dessen Bild die Züge des leiblichen Vaters oder des patriarchalen Animus der Mutter annimmt, öffnet sich für Mädchen und Frauen kein Tor in die Freiheit.

Frauen, die sich allmählich ihrer Selbstentfremdung bewußt werden, spüren unter Tränen und innerer Erschütterung, daß sie nicht zu lieben vermögen, obwohl sie die Berufung dazu fühlen. Niemand hatte sie je dazu angeleitet, die Keime der Liebe in sich selbst zu sammeln und zum Grünen zu bringen.

Denn wenn die Linsen mit Asche vermengt bleiben, wenn das Urteil »Du bist voll Staub und Schmutz« weiter gilt, erscheint Liebe als etwas Schmutziges. Viele Mütter geben ihren Töchtern die Warnung mit auf den Weg: »Hüte dich vor Männern, sie wollen immer nur dasselbe.« Hat eine junge Frau aber keine Selbstachtung, da ihre weiblich-leibliche Identität in ihren eigenen Augen nur Asche ist, wird sie unter Liebe verstehen, sich selbst wegzuwerfen, wird »schmutzige Dinge« tun, um sich selbst dafür noch mehr zu verachten. Eine unheimliche unterweltliche Macht kann sie immer tiefer hinabsaugen. Es sei denn, es gelingt ihr endlich, ihre Linsen, ihre Liebesfähigkeit, aus der Asche herauszulesen.

Bei den Eleusinischen Mysterien konnten Frauen und Männer einem Ritual beiwohnen, das den weiblichen Entwicklungs- und Reifungsprozeß symbolisch darstellte. Zentralgestalt des Ritus war Kore, die jungfräuliche Frühlingsgöttin Kretas. Die Gemeinde harrte im Dunkeln aus und vollzog mit, daß Kore in der Unterwelt weilte und es sich dort entschied, ob sie sich selbst und damit den Lichtsamen des Lebens gewinnen werde. Wenn mitten im Dunkel dann Fakkeln aufflammten, war das ein Zeichen dafür, daß Kore aus der Unterwelt aufstieg und die Keime neuen Lebens wie ein göttliches Kind im Arm trug. Indem Kore hinabstieg und aufstieg, wandelte sie sich aus einem jungen Mädchen in eine Liebesgöttin und wurde zugleich eins mit Demeter, ihrer göttlichen Mutter[16]. Das Durchwandern der Unterwelt und ihre Überwindung machte Kore zugleich zu der Göttin, deren Weisheit Leben, Vergehen und Neuwerden umfaßt, denn zur weiblichen Weisheit gehört, daß das Sterben einbegriffen ist in den Fluß des Lebens.

Die bescheidenen Linsen des Märchens verweisen auf nicht weniger als den Geist- und Lichtsamen der Eleusinischen Mysterien, aus dem das göttliche Kind neuen Lebens geboren wird. Daß Aschenputtel nun wie Kore aufsteigt aus der Unterwelt und eins wird mit ihrer Mutter, zeigt ihre wunderbare Bekleidung.

Gold und Silber

Als nun niemand mehr daheim war, ging Aschenputtel zu seiner Mutter Grab unter den Haselbaum
und rief:

»Bäumchen, rüttel dich und schüttel dich,
Wirf Gold und Silber über mich.«

Da warf ihm der Vogel ein golden und silbern Kleid
herunter und mit Seide und Silber ausgestickte
Pantoffeln. In aller Eile zog es das Kleid an und
ging zur Hochzeit. Seine Schwestern aber und die
Stiefmutter kannten es nicht und meinten, es müßte
eine fremde Königstochter sein, so schön sah es in
dem goldenen Kleide aus. An Aschenputtel dachten
sie gar nicht und dachten, es säße daheim im
Schmutz und suche die Linsen aus der Asche.

Die Stiefmutter hatte Aschenputtel den Rücken
gekehrt und war mit ihren stolzen Töchtern zum
Tanz geeilt. Und als nun niemand mehr daheim war,
ging Aschenputtel zu ihrer Mutter Grab unter den
Haselbaum. So selbstverständlich sich das anhört,
denn sie war ja auch sonst täglich dorthin gegangen,
diesmal ist es ein endgültiger Schritt der Befreiung
von der Autorität der Stiefmutter. Es ist ein Akt des

Ungehorsams gegenüber dem Verbot, zum Fest zu gehen. Was Aschenputtel von innen her will und in Übereinstimmung mit ihrer wahren Mutter auch kann, daran läßt sie sich nicht länger hindern. Auch früher schon hatte sie unter dem Baum Wünsche geäußert und erfüllt bekommen. Nun aber wünscht sie Großes. Die Linsen, die sie in ihr Töpfchen gesammelt hat, geben ihr die Kraft dazu. Sie wünscht sich nicht weniger als die Sterne vom Himmel und bekommt sie auch.

Welche Göttin immer im Haselbaum wohnt, ob ihr Name Diana oder ein anderer sei, an allen Orten ist ihr Symbol ein Baum, der Lebens- oder Weltenbaum, in dessen Zweigen die Sterne wohnen und in dessen Wipfel Sonne und Mond geboren werden. Dieser Baum wurzelt in der Unterwelt, in seinem Schatten bergen sich alle Lebewesen, seine Früchte sind die Gaben des Lebens, und der ganze Himmel mit seinen Sternen ist seine Krone. Dieser Baum übergreift Raum und Zeit, und jeder irdische Baum kann sein Symbol sein, Esche, Tamariske oder Birke, Myrte oder Haselnuß.

Die Weisheit, die viele Züge der orientalischen Muttergöttin übernommen hat, stellt sich selbst vor:

»Wie eine Terebinthe
breitete ich meine Wurzeln aus,
und meine Zweige waren voll Pracht und Anmut;
wie ein Weinstock sproßte ich lieblich auf,
und meine Triebe waren voll Schönheit
und Reichtum.
Ich bin die Mutter der edeln Liebe,

der Furcht, der Erkenntnis
und der heiligen Hoffnung;
ich werde allen meinen Kindern geschenkt,
als ewige Gabe aber nur denen,
die von Gott erwählt sind.
Kommet her zu mir, die ihr meiner begehrt,
und sättigt euch an meinen Früchten!«

Jesus Sirach 24,16–19

Es ist die All-Mutter, die Himmels- und Liebesgöttin, die Weisheit, an die sich Aschenputtel nun
wendet:

»Bäumchen rüttel dich und schüttel dich,
wirf Gold und Silber über mich.«

Die Früchte dieses Baumes sind besonderer Art,
sind Sonne, Mond und Sterne, und ihr Glanz breitet
sich nun über das Mädchen aus. Sie steigt auf wie
Kore aus der Unterwelt und ist umflossen vom Glanz
ihrer göttlichen Mutter. Sie selbst strahlt nun das
Licht der Schönheit und Weisheit aus.

Auffallend ist, in wie vielen Märchen drei Kleider
der Heldin eine entscheidende Rolle spielen: ein
Sonnenkleid, ein Mondkleid und ein Sternenkleid. In
dem Grimmschen Märchen »Die wahre Braut« zum
Beispiel erscheint die Braut, deren Liebe der Königssohn vergessen hatte, beim dreitägigen Fest bei Hofe
zuerst in einem Kleid, das mit goldenen Sonnen
bestickt ist, am zweiten Tag in dem Kleid mit silbernen Monden und am dritten in einem mit glänzenden
Sternen. Auch »die wahre Braut« hatte unter einer
bösen Stiefmutter zu leiden gehabt, die ihr unlösbare

Aufgaben stellte. Eine freundliche Alte löste für sie diese Aufgaben. Und »die Alte« ist niemand anders als die große Muttergöttin, die ihr auch die Kleider gibt. Als die wahre Braut am dritten Tag in ihrem Sternenkleid erscheint, wird sie vom Königssohn wiedererkannt, und er heiratet sie anstelle der vorgesehenen falschen Braut. Eine ähnliche Rolle spielen die Kleider in den Märchen »Allerleihrauh« und »Das singende springende Löweneckerchen«. Sonne, Mond und Sterne leihen den Märchenprinzessinnen ihren Glanz, einen Glanz, der überdies bei »Allerleihrauh« in einer Nußschale verborgen aufbewahrt wird. Dies erinnert daran, daß Haselnüsse Schönheit und Weisheit verleihen. Nun sind sie reif, so wie Aschenputtel selbst gereift ist, nun zeigt sich ihr süßer Kern. »Schwarzbraun ist die Haselnuß – schwarzbraun soll mein Mädel sein«, heißt es in einem Liebeslied, das auf die erotische Symbolik der Haselnuß anspielt.

In den goldenen und silbernen Lichteigenschaften glänzt das Weibliche in seiner vollkommenen Gestalt auf. Zu ihm gehört der »matriarchale Animus«, der verbindende, schöpferische und harmonisierende Geist, der etwas von einem lachenden, spielenden Kind hat, von dessen Phantasie und Unbekümmertheit. Eine Frau, die diese kindliche Kreativität in sich entdeckt hat, wird Freude um sich her verbreiten, die von ihr ausstrahlt wie Licht.

Gold und Silber können aber auch allein auf den Mond hin gedeutet werden, auf die silberweiße Mondsichel und den roten Honigmond oder Vollmond. Von den drei Mondphasen: zunehmender

Mond, Vollmond und abnehmender oder Neumond, leiten sich die drei Symbolgestalten der weiblichen Göttin her: Die silberweiße Sichel des zunehmenden Mondes gleicht der jungfräulichen Tochtergöttin und jungfräulichen Mutter. Sie bringt das erneuerte, verjüngte Leben, zu ihr gehören Inspiration, Ahnungsvermögen und Phantasie. Dem roten Honigmond oder Vollmond entspricht die Liebesgöttin. Sie vollzieht die Heilige Hochzeit und spendet Fruchtbarkeit, Segen und Wohlstand. Sie verwickelt den Geist ins Lebendige, so daß es durchpulst ist von Kraft und Süße. Sie mischt den Rauschtrank der Ekstase, der Musik, des Tanzes, der Fülle und Reife des Lebens. Sie zieht den männlichen Heros in ihre Umarmung, damit sie befruchtet und der Kreislauf des Lebens erneuert wird.

Der dritte Aspekt schließlich ist dem abnehmenden oder Schwarzmond zugeordnet. Er besonders wird in patriarchaler Zeit nur negativ gesehen. Die Todes- oder Jenseitsgöttin aber hüllt alles Müde, Kranke und Leidende in die samtene Dunkelheit des Nachthimmels und verheißt ihm Erneuerung und Wiedergeburt. Ihre Weisheit zeigt sich im Beenden und Begrenzen und nicht zuletzt darin, daß sie auch das Verdorbene zurücknimmt in die Nacht, so daß es niemandem mehr schaden kann. Ihr Sternenkleid ist Symbol einer höheren Weisheit, die dem Bewußtsein transzendent ist.

Nun aber geht es zunächst zur Hochzeit. Und Aschenputtel, nun jungfräuliche Frühlingsbringerin und Liebesgöttin in einem, erscheint selbst ihren Schwestern und ihrer Stiefmutter so schön, daß sie an die Daheimgebliebene gar nicht denken. Selten nur begegnet man Menschen, von denen etwas ausstrahlt wie Licht, das mehr ist als äußere Schönheit. Jeder fühlt sich wohl in ihrer Nähe, spürt die belebende Energie, die von ihnen ausgeht. Das sind Menschen, die im Einklang mit ihrem inneren Wesen sind, mit ihrem Selbst, und die Aura, die sie umgibt, gleicht göttlichem Licht. Schon jeder Liebende strahlt etwas von diesem Licht aus, noch mehr aber die Frau und der Mann, bei denen Liebe und Geist miteinander verbunden sind.

Der Tanz mit dem Königssohn

Der Königssohn kam ihm entgegen, nahm es bei der Hand und tanzte mit ihm. Er wollte auch sonst mit niemand tanzen, also daß er ihm die Hand nicht losließ, und wenn ein anderer kam, es aufzufordern, sprach er: »Das ist meine Tänzerin.«

So hebt nun das Hochzeitsfest an mit Lobgesang und Tanz und mit »Liebe auf den ersten Blick«. Ein schönes und edles Paar tanzen zu sehen erübrigt weitere Worte. Und doch möchte ich ein wenig verweilen bei diesem ersten erlösenden Höhepunkt des Märchens.

Hartmut Schmökel, der aus dem Hohenlied den Ritus der Heiligen Hochzeit rekonstruiert hat, nennt folgende Verse ein »Werbelied des Geliebten«:

»Nun auf, meine Freundin,
meine Schönste, und komm!
Denn siehe, der Winter ist vergangen,
aus und vorbei der Spätregen,
die Blüten erscheinen im Lande,
und der Ruf der Turteltaube erklingt,
der Feigenbaum treibt seine Frühfrucht,
und die Weinstöcke duften.

Nun auf, meine Freundin,
meine Schönste, und komm!
Die Zeit des Lobgesangs ist da in unserem Lande!
Meine Taube in den Felsklüften,
im Versteck der Bergwand,
laß mich schauen deinen Anblick,
mich hören deine Stimme,
denn deine Stimme ist süß,
und dein Anblick ist lieblich!«[17]

Sie ist ja wirklich aus ihrem Versteck hervorge-
kommen, die Taube aus den Felsklüften. Und der
Tanz, den Aschenputtel und der Königssohn tanzen,
ist inhaltsreicher als ein sonst geübtes Tanzvergnügen,
versinnbildlicht er doch kosmische Kräfte.

»Ich war bei ihm, einem Meister, ich war nichts
als Wonne Tag für Tag, lachend und scherzend vor
ihm die ganze Zeit, lachend und scherzend auf dem
Festland seiner Erde, und meine Wonne ist es, bei
den Menschen zu sein«, übersetzt Ulrich Mann die
Selbstvorstellung der Weisheit in Sprüche 8,30f. Und
er fügt hinzu: »Die Weisheit spielt vor Gott, sie spielt
von jeher ihr Spiel des heiteren und heiligen Ernstes,
der liegt also von Anfang in der Schöpfung enthalten,
das heilige Spiel der Weisheit ist so gesehen eine
›Eigenschaft der Welt‹. Sie ist das göttliche Weltge-
setz im weitesten Sinn, und ihr Sinn ist nichts
Geringeres als dies, spielend in den Sinn des Seins
einzuführen.«[18]

Indem der Königssohn sie zum Tanz führt, führt
demnach Aschenputtel ihn »spielend in den Sinn des
Seins ein«. Heide Göttner-Abendroth meint sogar:

»So wie die Frau in der mystischen Unio mit der Göttin göttinähnlich wird, so kann der Mann in der erotischen Unio mit der Frau menschenähnlich werden.«[19] Das klingt auf den ersten Blick übertrieben, immerhin haben schon viele Liebende gesagt und gesungen, daß sie durch die geliebte Frau sich mit der Schönheit und dem Geheimnis der ganzen Welt verbunden fühlen. Und das Gilgamesch-Epos zum Beispiel behauptet, daß es eine liebende Frau war, welche den wilden Mann Enkidu zivilisierte.

So viel Mühe hat Aschenputtel mit ihrem Königssohn nicht; er wird selbst als ein schon Erwählter charakterisiert, indem er auf den ersten Blick ihre Schönheit erkennt und sie nicht mehr aus seiner Hand läßt. Gerade so ist ihr Tanz Symbol der schöpferischen Liebe als dem Ursprung des Lebens. Daß alles Leben Tanz sei, ein kosmischer Reigen, haben Mystiker aller Zeiten gesehen und gesagt, und der Atomphysiker Fritjof Capra hat dieses Thema wieder neu zur Sprache gebracht[20]. Wie immer der Tanz erlebt und gedeutet wird, ob als Nachahmung des Rhythmus des Lebens oder als Abbildung der kreisenden Gestirne am Himmel, er vergegenwärtigt die kosmischen Kräfte und bringt die Tänzer mit ihnen in Einklang. Alles Leben aber gewinnt sein Energiegefälle aus der Spannung zwischen zwei Polen, die als männlich und weiblich charakterisiert werden können. Und so ist der Tanz, der Mann und Frau zusammenführt, nicht nur Ausdruck der liebenden Vereinigung zweier Menschen, sondern weist immer auch über sich hinaus auf die Rhythmen, denen das Universum sein Dasein verdankt.

Das Verschwinden Aschenputtels

Es tanzte, bis es Abend war, da wollte es nach Hause gehen. Der Königssohn aber sprach: »Ich gehe mit und begleite dich«, denn er wollte sehen, wem das schöne Mädchen angehörte. Sie entwischte ihm aber und sprang in das Taubenhaus. Nun wartete der Königssohn, bis der Vater kam, und sagte ihm, das fremde Mädchen wäre in das Taubenhaus gesprungen. Der Alte dachte: sollte es Aschenputtel sein, und sie mußten ihm Axt und Hacken bringen, damit er das Taubenhaus entzweischlagen konnte: Und als sie ins Haus kamen, lag Aschenputtel in seinen schmutzigen Kleidern in der Asche, und ein trübes Öllämpchen brannte im Schornstein; denn Aschenputtel war geschwind aus dem Taubenhaus hinten herabgesprungen und war zu dem Haselbäumchen gelaufen: da hatte es die schönen Kleider abgezogen und aufs Grab gelegt, und der Vogel hatte sie wieder weggenommen, und dann hatte es sich in seinem grauen Kittelchen in die Küche zur Asche gesetzt.

Sich finden, wieder verlieren und suchen müssen ist Thema fast jeder Liebesgeschichte. Das Motiv gehört sogar zum Ritual ländlicher Hochzeitsfeste. Da wird während der Feier die Braut entführt, von Freunden und Freundinnen irgendwo versteckt, und der Bräutigam muß sie suchen. Er muß beweisen, daß seine Liebe und seine Intelligenz ihm den Weg zu seiner Erwählten zeigen. Auch in einigen Märchen kehrt ein ähnliches Motiv wieder. In dem Grimmschen Märchen »Die verzauberte Prinzessin« zum Beispiel wird Hans in einen Saal geführt, in welchem drei verschleierte Gestalten sitzen, und er muß herausfinden, welche der drei die Prinzessin ist, die er erlösen will. Hans helfen dabei die Bienen, denen er einst frische Blumen hingeworfen hatte, statt sie wie sein Bruder Helmerich mit einem Stock zu erschlagen. Die Bienen summen um den nach Honig duftenden Mund der verschleierten Prinzessin herum, weichen aber vor den beiden anderen, nach Pech stinkenden verschleierten Gestalten aus, denn die sind Drachen, und hätte Hans falsch gewählt, wäre er sicher ein Fraß der Drachen geworden.

Es geht beim Finden und Erkennen der richtigen Braut um Leben oder Tod für den Freier. Davon erzählen die Märchen, in denen eine schöne, kluge und dabei stolze Königstochter ihren Freiern Rätsel aufgibt, wie zum Beispiel in dem persischen Märchen »Die Geschichte von den Rätseln der Turandot«[21]. Wer um sie wirbt, die Rätsel aber nicht lösen kann, muß sterben. Der Prinz, der Turandot endlich gewinnt, geht zuerst für lange Zeit in die Lehre bei einem Weisen, und als er sich dann Turandot stellt, vermag er auf ihre Fragen so meisterliche Antworten zu geben, daß nicht einmal der Vater Turandots etwas von dem Ganzen begreift.

Das Suchen und Erkennen der richtigen Braut, die sich versteckt oder verhüllt, und das Lösen von Rätseln – es sind wohl Anklänge an alte Rituale bei der Heiligen Hochzeit. Da mußten die Freier um die königliche Priesterin durch Kämpfe und Wettbewerbe ihr Können und ihre Kunst beweisen, und dem Sieger winkten Liebe und die Krone. Die vielen Drachenkampfmärchen, bei denen der Sieger mit der Überwindung des Drachen auch die Königstochter und zugleich den Schatz, also die Königswürde, gewinnt, erinnern an den tödlichen Ernst dieser heiligen Spiele. Keinem dieser Drachenkämpfer aber gelingt der Sieg, ohne daß helfende Mächte in Gestalt von Tieren oder weisen Männern und Frauen ihm neben dem Kampfesmut auch instinktive Sicherheit bei der Wahl seiner Mittel oder geweihte Waffen zur Verfügung stellen.

In sehr verhüllter Gestalt erscheint das Motiv der von einem Drachen gefangenen Königstochter im Märchen »Aschenputtel«. Hier sind es die Stiefmutter und der Vater, die das Mädchen in der Asche am Herd gefangen halten, und sie muß der Königssohn überwinden, um seine Braut heimführen zu können.

Wenn Aschenputtel nach dem Tanz dem Königssohn entwischt, gibt sie ihm damit ein Rätsel auf, sie inszeniert also selbst die Probe, die der Königssohn zu bestehen hat, um sich ihrer würdig zu erweisen. Nicht so sehr körperliche Tüchtigkeit ist hier gefragt als vielmehr Einfühlungsvermögen und Geist.

So wie der Prinz, der Turandot gewinnen wollte, Rat bei weisen Männern suchte, will auch der Königssohn die Hilfe eines erfahrenen Mannes in Anspruch

79

nehmen. Er wartet vor dem Rätsel des Taubenhauses, bis der Vater kommt. Es verwirrt, daß der Königssohn sich an den Vater Aschenputtels wendet; zu erwarten wäre, daß er seinen eigenen Vater, den König, fragt. Da »der Vater« aber vermutet, es könne Aschenputtel gewesen sein, ist es wahrscheinlicher, daß mit ihm nicht der König, sondern der reiche Mann gemeint ist. Doch die Antwort, die der Vater zu geben weiß, offenbart nun den ganzen Mangel an Weisheit bei patriarchal gesinnten Männern. Der Königssohn hat sich einen schlechten Ratgeber gewählt, denn der will, ~~wie weiland Alexander der Große den gordischen Knoten mit Gewalt durchschlug~~, diesem sensiblen Problem mit Axt und Hacke zuleibe rücken.

In der ~~schon mehrfach erwähnte~~n Erstfassung des Märchens verhielt es sich mit dem Taubenhaus anders als hier. Da war Aschenputtel am ersten Tag des Festes noch nicht dort erschienen, sondern war ins Taubenhaus geklettert, um von dort aus dem Tanz im Schloß zusehen zu können. Als die ältere der Stiefschwestern davon erfuhr, »trieb sie der Neid, und sie befahl, daß der Taubenstall gleich sollte niedergerissen werden«. Die Stiefschwester handelte damit ebenso wie die Stiefmutter und die Schwestern in den Märchen »Das Erdkühlein« und in »Einäuglein, Zweiäuglein und Dreiäuglein«, die das Erdkühlein und die Ziege kurzerhand schlachteten.

In unserer Fassung nun handelt der Vater so wie eine Stiefmutter. Die destruktive, negative Seite des Weiblichen macht der patriarchale Mann zu seiner Frau, zu seiner »besseren« Hälfte. Die Anima, die weibliche Seele des Vaters und damit die Motivation seines Handelns, ist von gleicher Art wie eine Ereschkigal. Da solche Motivationen aber unbewußt bleiben, mag der Vater sich selbst in dieser Situation als männlich-zupackend, schnell entschlossen und rational erleben. Er meint, der Sache könne er rasch auf den Grund kommen, indem er das Taubenhaus entzweischlägt.

Taubenhäuser sind heute nur noch selten zu sehen. Es sind Holzhütten mit einem Schlupfloch und Stäben zum Sitzen davor, die auf einem Mast stehen, so daß das Taubenhaus etwa die Höhe eines Hausdachs hat. Wer sich ein Taubenhaus anlegte und Tauben domestizieren wollte, mußte nach der Überlieferung große Sorgfalt darauf verwenden. Das erste Paar Turteltauben durfte man nicht kaufen, sondern sollte es sich schenken lassen; damit war von Anfang an die Anerkennung dessen verbunden, daß es eine Gnade war, wenn Tauben sich bei einem niederlassen. Haustauben zogen dann Wildtauben an, das heißt, es genügte, einem Paar eine Wohnung zu geben, um dadurch andere zu gewinnen. Eine ganze Anzahl von Ratschlägen gab es dafür, wie man andere Tauben am besten locken konnte, im eigenen Taubenhaus zu nisten, unter anderem sollten Haselnußruten, vor das Schlupfloch genagelt, sie anziehen. Und es galt als Glück bringend und das ganze Haus schützend, wenn Tauben bei einem wohnten[22].

Das Taubenhaus entzweizuschlagen bedeutet entsprechend, sie zu vertreiben. Um »das Täubchen« zu fangen, war diese Maßnahme sicher ungeeignet. »Täubchen« ist noch heute ein Kosewort für geliebte

Frauen. Der gewalttätige Schlag des Vaters traf denn auch ins Leere, denn es war niemand darin. Sein Verhalten erinnert noch einmal daran, daß ihm seine erste Frau krank wurde und starb. Wer so rücksichtslos mit einem Taubenhaus umgeht, kränkt wohl auch die Seele seiner Frau zu Tode.

Es liegt nahe, angesichts dieser Szene an die Art zu denken, wie die patriarchale »Kultur« mit den Wohnungen der Seele und des Geistes, der Inspiration und der Intuition umzugehen pflegt. Jene seelischen Bereiche, in denen Taubengestaltiges nistet, werden bis heute bei der Ausbildung von Kindern und Jugendlichen, wenn nicht mit Stumpf und Stiel ausgerottet, so doch vernachlässigt oder für unnütz gehalten. Und da es sich um geistige Impulse handelt, für die insbesondere Frauen empfänglich sind, verödet damit das Haus des Menschen, das ja auch ein weiblicher Bezirk ist. Geht man mit kritischen Argumenten wie mit Axt und Hacke an die Phantasie und die Eingebungen von oben heran, wird das Ergebnis immer sein, daß »doch niemand darin ist«. Was wie mit Taubenflügeln kommt, entweicht den Messern des Intellekts, läßt sich von ihm nicht fassen und fangen.

Für den Vater war das Problem damit erledigt. Für den Königssohn gewiß nicht, er stand weiter vor einem Rätsel, das er nicht lösen konnte.

Ob Aschenputtel wirklich ins Taubenhaus sprang, oder ob das nur eine optische Täuschung des Königssohns war, bleibt offen. Wenn er in ihr etwas ahnte von der taubengestaltigen Göttin, war seine Assoziation naheliegend, daß sie im Taubenhaus wohnen müsse. Einen Hauch ihres Taubengeistes hatte er damit gespürt.

In den Parallelmärchen wie zum Beispiel dem von Charles Perrault muß Aschenputtel vor Mitternacht heimkehren, weil um diese Stunde der Zauber endet, der ihr das prinzessinnenhafte Aussehen gab. In unserer Fassung heißt es jeweils ausdrücklich, »es tanzte, bis es Abend war, da wollte es nach Haus gehen«. Das Fest findet entsprechend nicht abends und bis Mitternacht statt, sondern am Tage und endet abends. Und wenn Aschenputtel entwischt ist, legt es die schönen Kleider am Grab der Mutter ab und wird zu Hause in der Asche bei einem trüben Öllämpchen gefunden. Sie tanzt am Tage und verschwindet in der Nacht. Darum ist Aschenputtel auch schon mit Aurora verglichen worden, der griechischen Göttin des Morgenrots und des Tageslichts. So wie die Sonne mit der Morgenröte ihren Glanz aufscheinen läßt und am Abend ihre Strahlen zurücknimmt und wie im Grab der Nacht versinkt, empfängt Aschenputtel ihre leuchtenden Kleider am Morgen und gibt sie abends am Grab der Mutter ab, um selbst in der Asche wie in der Unterwelt zu weilen, bis sie wieder aufsteigt. Das alte Weltbild stellte sich die Erde wie eine Scheibe vor, die auf einem Ozean schwimmt, und man meinte, die Sonne werde abends von einem Fisch oder Drachen verschlungen und am Morgen wiedergeboren.

Im Orient wird die Sonne mit einem männlichen Helden verglichen, daher wirkt eine weibliche Sonnensymbolik zunächst ungewöhnlich. Im Deutschen aber ist die Sonne »Frau Sonne«, weil in unseren

Breiten ihr Leuchten und Wärmen als lebensfördernd erlebt wird, während in heißen Gegenden ihre Glut eher gefürchtet wird. Trotzdem wird die Sophia oder Weisheit auch mit der Sonne verglichen. Die Spuren ihres Mythos, die Felix Christ[23] aufdeckt, lassen sich etwa so zusammenfassen: Die Weisheit, die am Anfang der Welt war, wird von den Menschen abgelehnt und kehrt darum in den Himmel zurück. Sie hinterläßt nur einzelne, die von ihr wissen, und auf diese wenigen wird sie am Ende niederströmen. Wenn sie die Erde verlassen hat, tritt ihre Gegenspielerin, die Torheit, auf und beherrscht die Menschen. Die Weisheit wird nun vergeblich gesucht, sie bleibt unauffindbar, verhüllt, verborgen. Und doch wohnt sie im Himmel und auf der Erde. Wo sie Wohnung nimmt unter den Menschen, da nistet sie wie eine Taube oder leuchtet wie die Sonne. Und wie die Sonne morgens aufgeht und abends untergeht, so vermag die Weisheit zur Erde hinab und zum Himmel hinaufzusteigen. Wird sie abgewiesen, flieht sie zurück in ihre Kammer wie die Sonne hinter den Horizont, wenn es Nacht wird. Nur Erwählte lieben, suchen und finden schließlich die verborgene Weisheit. Die sie ablehnen aber, über die kommt zuletzt das Gericht: Sie werden mit Blindheit geschlagen. Die Parallelität dieses Mythos mit dem Märchen »Aschenputtel« ist so groß, daß es sich kaum um einen Zufall handeln kann. Die Weisheit erscheint im Märchen sowohl in Gestalt der sterbenden Mutter, die in den Himmel zurückkehrt, als auch in Gestalt Aschenputtels als verborgene. Und der Erwählte, der sie schließlich findet, ist der Königssohn.

der

Eine jüdische Legende erzählt, die Wahrheit und das Märchen seien einander eines Tages auf der Dorfstraße begegnet, das Märchen bunt gekleidet und fröhlich, die Wahrheit abgehärmt und in grauem Gewand. Die Wahrheit klagt, niemand wolle sie einlassen; das Märchen antwortet, da es sich farbig und heiter gebe, lasse jedermann es gern zur Tür herein, und es müsse nicht darben. »Mach es wie ich«, empfiehlt das Märchen der Wahrheit, und so erscheint nun die Wahrheit im Märchengewand, nämlich die von der Weisheit, die sich in ihm verbirgt.

Zurück zum schlecht beratenen Königssohn. Seine Aufgabe ist groß, er muß nicht nur seine Tänzerin finden, sondern in und mit ihr die Weisheit, zu deren Eigenschaften gehört, daß sie verborgen ist und nur von wenigen gefunden wird. Aber noch ist nur der erste Tag des Fests vergangen.

Der Birnbaum

Am anderen Tag, als das Fest von neuem anhub und die Eltern und Stiefschwestern wieder fort waren, ging Aschenputtel zu dem Haselbaum und sprach:

>»Bäumchen, rüttel dich und schüttel dich,
Wirf Gold und Silber über mich.«

Da warf der Vogel ein noch viel stolzeres Kleid herab als am vorigen Tag. Und als es mit diesem Kleide auf der Hochzeit erschien, erstaunte jedermann über seine Schönheit. Der Königssohn aber hatte gewartet, bis es kam, nahm es gleich bei der Hand und tanzte nur allein mit ihm. Wenn die anderen kamen und es aufforderten, sprach er: »Das ist meine Tänzerin.« Als es nun Abend war, wollte es fort, und der Königssohn ging ihm nach und wollte sehen, in welches Haus es ging: aber es sprang ihm fort und in den Garten hinter dem Haus. Darin stand ein schöner großer Baum, an dem die herrlichsten Birnen hingen; es kletterte so behend wie ein Eichhörnchen zwischen die Äste, und der Königssohn wußte nicht, wo es hingekommen war. Er wartete aber, bis der Vater kam, und sprach zu ihm: »Das fremde Mädchen ist mir entwischt, und ich glaube, es ist auf den Birnbaum

gesprungen.« Der Vater dachte: sollte es Aschenputtel sein, ließ sich die Axt holen und hieb den
Baum um, aber es war niemand darauf. Und als sie
in die Küche kamen, lag Aschenputtel da in der
Asche, wie sonst auch, denn es war auf der anderen
Seite vom Baum herabgesprungen, hatte dem Vogel
auf dem Haselbäumchen die schönen Kleider wieder
gebracht und sein graues Kittelchen angezogen.

Wenn die Kleiderfolge hier wie in den anderen
Märchen ist, dann trägt Aschenputtel am ersten
Tag ein Sonnenkleid und an diesem zweiten ein
Mondkleid, erscheint nun als Mondgöttin der Fruchtbarkeit und der Liebe. Sie hat zu Hause nichts gesagt
und nichts gefragt, sondern Eltern und Schwestern in
der Täuschung eher bestärkt, daß mit ihr alles so
geblieben sei wie bisher. Der Königssohn hat sie
schon erwartet, und der Tanz hebt an wie am ersten
Tag. Vernünftigerweise hätte er sie nun nach Herkunft
und Wohnort befragen können. Aber das Märchen
will es anders und kümmert sich um alltägliche Logik
nicht. Vielmehr entspringt ihm Aschenputtel wie am
ersten Tag, als es Abend ist, nur daß der Königssohn
sie diesmal in einem Birnbaum aus den Augen verliert, der im Garten hinter dem Haus steht.

Ein Birnbaum voll saftiger, schwellender, süßer,
goldener Früchte – auch heute hat wohl niemand
Mühe, darin ein Gleichnis für Weiblich-Mütterliches
zu sehen. Die Birne gilt als Fruchtbarkeitssymbol,
und zwar immer als weibliches, während zum Beispiel
der Apfelbaum auch den männlichen Geliebten sym-
bolisieren kann. Im Kult spielt der Birnbaum aber

nur selten eine Rolle, immerhin wird im oberbayrischen Wallfahrtsort Mariabirnbaum »Unsere liebe Frau unterm Birnbaum« verehrt, möglicher Hinweis auf eine ältere Tradition. In der Schweiz gilt er als Kleinkinderbaum, und man trägt am Weißen Sonntag die Kinder unter ihn, damit sie gedeihen. Wenn der Birnbaum reiche Früchte trägt, so heißt es, werden im nächsten Jahr viele Mädchen geboren[24]. Dieses Orakel erinnert an die Vorstellung von der Unsterblichkeit der Muttergöttin, weil sie sich in ihren Töchtern selbst verjüngt. Auch deshalb ist jeder Muttergöttin immer die Tochter beigesellt wie Kore der Demeter.

Der Birnbaum steht im Garten hinter dem Haus, seit jeher das Reich der Frau, in der Realität ebenso wie im Mythos. Im Mythos ist der Obstgarten das Reich der Liebes- und Fruchtbarkeitsgöttin, und ein Zaun umschließt ihn, damit kein ungebetener Gast eindringen kann. Das Paradies oder die grünen Inseln der Seligen üben ihre Faszination bis heute aus. Der Garten ist im Hohenlied die erotische Landschaft schlechthin, und Lieder und Märchen vergleichen immer wieder die Frau mit einem Garten und ihren Geliebten als kundigen Gärtner, der mit ihren Blüten und Früchten sorgfältig umzugehen versteht.

Der Vater, vom Königssohn wieder zu Hilfe gerufen, weiß aber nichts anderes, als die Axt zu holen und den Birnbaum zu fällen. »Sollte es Aschenputtel sein?« denkt er sich, als spuke die verdrängte Tochter ihm doch ständig im Kopf herum. Wenn es aber nur Aschenputtel ist, kann man mit ihr kurzen Prozeß machen. Ist das Weibliche erst entwertet zu einer schmutzigen Küchenmagd, dann gelten auch Birnbäume nichts mehr. So wurden in patriarchaler Zeit in Kriegen schwangere und säugende Mütter samt ihren Kindern ermordet, während zum Beispiel Nomadenvölker bei ihren Kämpfen bis heute die Frauen schonen.

Unter Männern darf ein Mann sich zwar seiner Eroberungen rühmen, wird aber niemals wagen, Gefühle der Liebe einzugestehen. Mit der Axt der Grobheit und des Verächtlichmachens werden zarte Gefühle gemordet, und Roheit gilt als männliche Leistung. Bäume zu roden galt viele Jahrhunderte hindurch als Kulturtat, und was in kleinem Maßstab begonnen wurde, wird heute im großen beinahe vollendet, weil die Äxte durch wirksamere Waffen ersetzt wurden. Der Umgang mit dem Weiblichen und der Umgang mit der Natur entsprechen einander. Seit die Natur entgöttert wurde, wie man sich mit Stolz rühmt, wurde sie zum Rohmaterial des Menschen, mit dem er nach Belieben verfahren konnte.

Doch was der Vater in seine Gewalt bringen wollte, sei es Aschenputtel oder die fremde Königstochter, sie war wieder einmal nicht, wo er sie vermutete. Das Weibliche kann sich tiefer verhüllen, als der erobernde Mann meint. Er kann es vergewaltigen oder morden und wird der weiblichen Seele doch nicht ansichtig. In seiner Blindheit verletzt er sich auch selbst, das ist das Tragische am Verlust weiblicher Weisheit. Wer anders als eine Frau sollte ihn mit ihr vertraut machen? Aber kaum ein Junge und Mann hat das Glück, in der patriarchalen Kultur einer Frau zu begegnen, die sie ihm zeigen könnte, weil Frauen sich selbst entfremdet sind.

So geht auch der Königssohn ein zweites Mal leer aus. Das Rätsel erscheint eher noch undurchdringlicher.

Auffällig ist die Parallele zwischen dem zweimaligen Versuch Aschenputtels, durch Verlesen der Linsen von der Stiefmutter die Erlaubnis zur Teilnahme am Fest zu verdienen, und dem zweimaligen Versuch des Königssohns, mit Hilfe des Vaters die fremde Königstochter zu finden. Beide waren zweimal an der falschen Adresse, und Aschenputtel steckte sogar eine dritte Abweisung ein, bis sie aufhörte zu bitten und ihr Schicksal selbst in die Hand nahm. Wie die Märchen immer wieder zeigen, sind es aber gerade die Gestalten des Bösen, die den Gang des Dramas weitertreiben. Und was Heldinnen und Helden durch sie erleiden müssen, fördert zugleich ihr geistig-seelisches Wachstum.

Der Königssohn konnte etwas lernen aus dem, was der Vater tat. Seine Aufgabe ist es, die fremde Tänzerin zu erkennen, um sie finden zu können. Am ersten Tag mag sie ihm wie eine Taube erschienen sein, wie ein geistiges Wesen. Das ist sie auch, aber das ist nur ein Aspekt von ihr. Am zweiten Tag nahm er sie als schöne, begehrenswerte Frau wahr und identifizierte sie mit einem Birnbaum voller Früchte. Das ist sie auch, aber auch das ist noch nicht das Ganze. Noch fehlt ihm zur Wahrnehmung des ganzen Weiblichen ein dritter Aspekt. Bisher hat er von den drei Aspekten die jungfräuliche Gestalt und die Gestalt der Liebesgöttin erkannt. Doch die Axthiebe des Vaters haben ihn aus seinen Träumen geweckt: Dort ist sie nicht. Die geliebte Frau zu erkennen ist auch in Wirklichkeit schwer, denn der Mann erkennt von ihr zunächst nur so viel, wie sein inneres weibliches Bild, seine Anima, an Facetten aufweist. So mag er eine inspirierende göttliche Gestalt in der Frau erblicken und verfehlt sie dadurch in ihrer Ganzheit ebenso wie dann, wenn er vor allem leibliche Schönheit und die Fähigkeit, Mutter zu werden, in ihr sieht. Aus beiden Projektionen haben die Axthiebe des Vaters ihn herausgerissen und ihm vor Augen geführt, daß er weiter suchen muß. Der Scheinwerferkegel seines Erkennens hat bisher das Haupt, das wäre das Taubenhaus, und den Leib, das wäre der Birnbaum, erhellt. Aber nun liegt noch etwas im Schatten. Auch dies muß er aufhellen, bis er die ganze Gestalt erkennen und damit finden kann.

In den Märchen, in denen es darum geht, eine schwarze Frau zu erlösen von dem Zauber, der auf ihr liegt – auch das geschieht jeweils in drei Schritten –, sind es immer zuerst die Füße, die weiß werden, dann wird sie weiß bis zu den Fingerspitzen, und zuletzt ist sie erlöst, so zum Beispiel im Märchen »Von dem Königssohn, der sich vor nichts fürchtet«[25]. Hier ist es umgekehrt: Die »weiße«, das heißt in göttlichem Glanz strahlende Frau wird von oben her erkannt. Aschenputtels inneres Werden begann beim Grab, dann wuchs darauf der Haselnußbaum, und auf dem erschien das weiße Vöglein. Zu allen diesen drei Dimensionen muß auch der Königssohn Zugang gewinnen.

Denn wieder ist Aschenputtel an den Herd zurückgekehrt, hat ihren grauen Kittel übergestreift und sich unsichtbar gemacht. Sie verbirgt sich, um von einem Erwählten gefunden zu werden. Sich entziehen, sich verbergen und gerade nach einem großen Aufbruch sich wieder verhüllen, das gehört bis heute zur inneren Dynamik vieler Frauen. Manchmal wagen sie sich weit vor, haben sogar Erfolg, und plötzlich drängt es sie, sich so klein zu machen, daß sie in ein Mauseloch passen und unsichtbar werden. Wenn dies in einer Beziehung geschieht, steht der Partner vor einem Rätsel und fühlt sich plötzlich abgewiesen. Nur schwer erkennt er in diesem Verhalten die Bitte, die Verborgene geduldig zu suchen und aus ihrem Versteck liebevoll wieder hervorzulocken. Frauen, die dasselbe Verhalten im Berufsleben an sich entdecken, sind sich selbst ein Rätsel bei dieser Fluchtreaktion. Um aus dem Mauseloch wieder hervorzukommen, brauchen sie einen Königssohn in sich selbst und vor allem die wiederholte Orientierung an der Großen Mutter, welche die erschöpften Kräfte erneuert. Ursache dieses plötzlichen Rückzugs ist aber wohl, daß die heutige Welt, sei sie vertreten im Partner oder im Berufsleben, für das Weibliche so fremd und kalt ist, daß es sich verletzt daran und darum den Rückzug immer wieder braucht, um sich zu regenerieren. Frauen, die sich nicht anpassen wollen an männliche Verhaltensmuster, werden diesen schwierigen Rhythmus des Aus-sich-heraus-Gehens und Sich-wieder-Zurückziehens immer wieder durchleben und durchleiden müssen. Denn solange diese Welt beherrscht wird von einem Denken nach Art des Vaters, kann das Weibliche sich nur durch Rückzug davor bewahren, zerstört zu werden.

Pech auf der Treppe und
ein goldener Pantoffel

Am dritten Tag, als die Eltern und Schwestern
fort waren, ging Aschenputtel wieder zu seiner
Mutter Grab und sprach zu dem Bäumchen:

> »Bäumchen, rüttel dich und schüttel dich,
> Wirf Gold und Silber über mich.«

Nun warf ihm der Vogel ein Kleid herab, das war so
prächtig und glänzend, wie es noch keins gehabt
hatte, und die Pantoffeln waren ganz golden. Als es
in dem Kleid zu der Hochzeit kam, wußten sie nicht,
was sie vor Verwunderung sagen sollten. Der
Königssohn tanzte ganz allein mit ihm, und wenn
es einer aufforderte, sprach er: »Das ist meine
Tänzerin.«
Als es nun Abend war, wollte Aschenputtel fort,
und der Königssohn wollte es begleiten, aber es entsprang ihm so geschwind, daß er nicht folgen konnte.
Der Königssohn hatte aber eine List gebraucht und
hatte die ganze Treppe mit Pech bestreichen lassen:
da war, als es hinabsprang, der linke Pantoffel
des Mädchens hängengeblieben. Der Königssohn
hob ihn auf, und er war klein und zierlich und
ganz golden.

Es ist nicht so, daß Aschenputtel dem Königssohn nicht geholfen hätte, sie zu erkennen. An jedem Tag offenbart sie ihm durch ihre Kleider selbst etwas von ihrem Wesen. Das Kleid, »so prächtig und glänzend, wie es noch keines gehabt hatte«, könnte das Sternenkleid sein, in dem sie ausgesehen haben mag wie eine Königin der Nacht. Der sternenübersäte Mantel der Himmelskönigin erscheint auf vielen Mariendarstellungen, und Maria wird auch als Stella maris, als Meerstern, besungen. Venus, der Morgenstern und der Abendstern, ist seit alters der Stern von Ishtar, der Stern der meergeborenen Aphrodite und ihrer lateinischen Entsprechung Venus. Die Beziehung zwischen Stern und Meer mag in den Mittelmeerländern aus der Anschauung des Sternenhimmels über dem nächtlichen Meer herrühren, hat aber auch im Mythos eine Entsprechung. Erich Neumann schreibt: »Die Große Göttin ist die strömende Einheit von unterirdischem und himmlischem Ur-Wasser, das Himmels-Meer, auf dem die Barken der Lichtgöttin fahren, das ober- und unterirdische Kreismeer des Lebendig-Gebärenden, und alle Wässer, Ströme, Brunnen, Teiche und Quellen ebenso wie der Regen gehören zu ihr. Sie ist der Lebensozean mit seinen Leben und Tod bringenden Gezeiten, und das Lebendige ist ihre Geburt, die ewig in ihr schwimmt als Fisch wie die Sterne im Himmelsozean.«[26]

Wie schon erwähnt, dachte man sich in alter Zeit die Erde als eine Scheibe, die gleich einem Schiff auf dem Urmeer fährt, das unter und über ihm strömt. Die Sterne blickten wie tausend Seelen auf die Erde hinab, die einst von der Mutter wiedergeboren wer-

94

den auf der Erde, denn Sterben bedeutete, in ihren dunklen Schoß zurückzukehren, um von ihr erneuert zu werden. So war die Himmelskönigin auch die Göttin der Zeit, welche die Sternenbahnen und die Menschenwege bewegt. Der Zenit des Himmels war die Achse des Mühlrades, gedreht vom Sternbild des Großen und des Kleinen Bären. Und die Bären waren der Diana, der Artemis kalliste, der schönsten Jungfrau, heilig[27].

Wer Augen hatte zu sehen, konnte dies alles am Sternenkleid Aschenputtels ablesen. Der Königssohn tanzte mit ihr und ließ sie nicht aus der Hand; wenn jemand anders sie auffordern wollte, sagte er: »Das ist meine Tänzerin.« Es ist der dritte Tag des Festes, Tag der Entscheidung, der letzten Chance, der Tag, an welchem die Mondgöttin Diana aufersteht, indem sie als schmale silberne Sichel wieder am Himmel erscheint.

Der Königssohn hat diesmal vorgesorgt, er hat es aufgegeben, sich auf die Hilfe des Vaters zu verlassen, er hat sich selbst etwas einfallen lassen, indem er die Treppe mit Pech bestreichen ließ. Das Wort »Treppe« ist etymologisch verwandt mit trappeln und dem daraus abgeleiteten Wort Trappa, Treppe, für eine Vogel- und Tierfalle. Im Englischen ist »trap« die Tierfalle, und Trapper sind Tierfänger[28]. Beim heute verbotenen Fangen von Wildvögeln legte man eine Vogelfalle aus Ruten an, die mit Leim bestrichen wurden, und der Vogel, der daran kleben blieb, gilt noch heute als »Pechvogel«, auch soll man einem anderen möglichst nicht »auf den Leim gehen«. Seine Tänzerin, die ihm einmal ins Taubenhaus und das zweite Mal in den Birnbaum entsprungen war, mochte dem Königssohn wie ein fremder Paradiesvogel erscheinen, den er nun zu fangen versuchte. Einen Vogel zu kirren, zu locken, zu ködern hatte aber auch schon früh die übertragene Bedeutung, eine Frau zu gewinnen.

Es ist eine ziemlich drastische Maßnahme, die der Königssohn ergreift, doch hat er mit seiner List Erfolg, und das allein zählt, ging es für ihn doch um Leben und Tod, um das Gewinnen oder Verlieren. Wie auch andere Märchen erzählen, verlegt sich der Held beim Umgang mit überlegenen geistigen Mächten am besten auf die List, sie ist eine Eigenschaft menschlicher Intelligenz, wie sie auch den »listenreichen Odysseus« auszeichnete. Der Königssohn hat sich damit von der Axt- und Beil-Methode des Vaters entschlossen abgewendet, da er gesehen hatte, daß sie erfolglos blieb. Schließlich wollte er seine Tänzerin nicht tot, sondern lebendig haben, und da war das Pech ein geeignetes Mittel.

In der Umgangssprache sind Vogelleim und Vogelpech gleichbedeutend, obwohl es sich um verschiedene Stoffe handelt. Pech wird zwar auch als Heilmittel verwendet, weckt aber, insbesondere in der Verbindung »wie Pech und Schwefel«, Assoziationen mit der Hölle, der Unterwelt. In dem Märchen »Frau Holle« wird die faule Marie zuletzt mit Pech übergossen, und die Jenseitsgöttin Hel, Frau Holle, wurde zur christlichen Hölle, in der das ewige Feuer von Pech und Schwefel brennt.

Es fällt auf, daß von Aschenputtel an diesem dritten Tag im Unterschied zu den anderen gesagt wird, es sprang die Treppe hinab. Zuvor entsprang sie und sprang dann vom Taubenhaus und vom Birnbaum »hinab« zum Grab beziehungsweise in die Asche am Herd. Zumindest angedeutet wird damit ihre Fluchtrichtung nach unten, in die Unterwelt.

Die Aufgabe des Königssohns ist, sie zu erkennen. Mit dem Erkennen eines anderen ist immer Selbsterkenntnis verbunden. Suchte er seine Tänzerin zuerst im Taubenhaus, dann im Birnbaum, hofft er nun ihre Spur oder sie selbst im Pech zu finden, in schwarzer, stinkender, klebriger Masse. Damit gesteht er ein, daß er in gewissem Sinn bisher selbst ein Pechvogel war, dem die Erwählte immer entwischte. Aber die Verwendung von Pech könnte auch Ausdruck seiner Ahnung von etwas Unterweltlichem in ihm selbst und in seiner Tänzerin sein. Für einen Mann mag die leibliche Mutter, von der er sich nur schwer lösen kann, wie etwas Schwarzes, Klebriges sein, das ihn festhält wie die Unterweltgöttin, die ihm mit dem Tode droht. Das Bild des Weiblichen, die Anima, aus dem festhaltenden Bild der Mutter zu lösen, um eine Frau lieben zu können, ohne die Mutter auf sie zu projizieren, gegen deren verschlingende Macht er sich dann wehren müßte, gilt als schwerste seelische Heldentat des Mannes. Das bekannte Bild dafür ist der schon erwähnte Drachenkampf. Ist der Drache überwunden, tritt die Prinzessin ihm schön und lieblich entgegen, die ihm überdies beim Kampf oft selbst hilft. Wenn der Königssohn Pech verwendet, zeigt er damit, daß er dieses Problem in sich selbst erkannt und gemeistert hat, er kann damit umgehen. Zugleich gibt er Aschenputtel damit zu verstehen, daß er ahnt, wo sie sich versteckt hält beziehungsweise wo sie gefangen ist: in der Unterwelt. Er hebt damit ans Tageslicht, macht bewußt, was der Vater, die Stiefmutter und die Schwestern verdrängen und vor sich selbst verheimlichen, auf der Erbprinzessin damit zugleich abladen: die Dimension des Todes, die Asche.

Mit allen Eigenschaften und Tugenden der weiblichen Göttin vermochte die patriarchale Denkweise fertig zu werden durch Verdrängen, Entstellen oder durch blanke Gewalt. Der Tod aber bildet die absolute Grenze für männliches Denken. Seit die Jenseitsgöttin als verschlingende, aber auch wiedergebärende Mutter verleugnet oder tief ins Unbewußte wie in ein Grab verdrängt wurde, erscheint der Tod als absoluter, als endgültiger, unüberwindlicher Feind des Menschen, als unbarmherziger Sensenmann oder als Folge der Sünde. Dabei ist die Sünde gerade die Abspaltung des Menschen, des männlichen Denkens von der Einwilligung in die lebendigen Gesetze des Werdens, Vergehens und Neuwerdens, in das »Stirb und Werde«, wie es die dreigestaltige Göttin darstellte, die von Heide Göttner-Abendroth als die »Leben-im-Tod-Göttin« charakterisiert wird. Doch wie alles Verdrängte wiederkehrt und alles Unbewußte um so mächtiger wirkt, besetzt der Krähengeist erst recht das Handeln des patriarchal denkenden Menschen. So quälen die Stiefmutter und die Schwestern die Trägerin des Lebens, und so nimmt der Vater Axt und Beil. Doch ihr Tun ist blind, sie wenden ihre todeswütige Aggression ausgerechnet gegen das Lebendige, Zukunftsträchtige. Daß im

Patriarchat, das sich bewußt dem Leben und seiner Sicherung verschrieben hat, das Töten doch immer als geeignetes Mittel zur Erhaltung der Macht verwendet wird, ist Zeichen der tragischen Verblendung, die bis in die Gegenwart unser aller Denken besetzt und unser aller Leben bedroht.

Aschenputtel belohnt die Einsicht des Königssohns; freiwillig-unfreiwillig läßt sie ihm als Pfand den linken goldenen Pantoffel. So mag die entführte Braut dem suchenden Bräutigam ein Zeichen geben, denn sie will ja von ihm gefunden werden.

In goldenen Pantoffeln zeigt sich die weiße Frau auf der Staufenburg in Thüringen, und Goldschuhe trägt die heilige Walburg neun Nächte vor dem 1. Mai auf der Flucht vor wilden Geistern. Gold hat die Eigenschaft, vor dem bösen Blick und vor bösem Zauber zu schützen, und wird darum auch als Amulett oder Ring getragen. Der goldene Ehering soll die Ehe schützen. Der linke Pantoffel gilt als weiblich, wie der Pantoffel oder Schuh überhaupt als Symbol der Vagina gilt, und ihn zu verlieren wird als Zeichen des Verlusts der Jungfräulichkeit gedeutet.

Die älteste schriftliche Quelle für dieses Motiv findet sich bei dem antiken Schriftsteller Strabon (ca. 63 vor bis 19 nach Christus), der Ägypten besucht hatte und von einer Pyramide erzählt, die das Grabmal einer Hetäre sei, das ihr von ihren Liebhabern gestiftet wurde. Sie hieß Doricha oder Rhodope. Man erzählte ihm, berichtet Strabon, »daß, als sie sich badete, ein Adler einen ihrer Schuhe ihrer Dienerin raubte und nach Memphis trug. Hier sprach der König unter freiem Himmel Recht, und der Adler warf ihm den Schuh aus senkrechter Höhe in den Schoß. Der König, durch die schöne Form des Schuhs und das Sonderbare veranlaßt, schickte im Lande umher und ließ die Frau aufsuchen, welcher der Schuh gehörte. Man fand sie in Naukratis, brachte sie zum König, und sie wurde seine Gemahlin.«[29]

Das Motiv findet sich im Mythos von Hermes wieder. Der Götterbote liebte Aphrodite leidenschaftlich, fand aber bei ihr kein Gehör. Zeus hatte Mitleid mit ihm und sandte seinen Adler, der eine von Aphrodites Sandalen stahl, als sie in einem Fluß badete. Der Adler lieferte die Sandale bei Hermes in der ägyptischen Stadt Amythaonia ab, und Aphrodite konnte den geraubten Schuh nur wiederbekommen, als sie Hermes erhörte. Frucht dieser Verbindung war Hermaphroditos[30].

Aphrodites Verhalten wirft die Frage auf, warum ihr an ihrer geraubten Sandale so gelegen war, daß sie um ihretwillen Hermes erhörte. Mit den Füßen und der Fußbekleidung einer Göttin hat es offenbar eine besondere Bewandtnis.

Auch bei Aschenputtels Bekleidung werden die mit Seide und Silber bestickten Pantoffeln und dann die goldenen ausdrücklich erwähnt und ebenso die hölzernen Schuhe, die sie tragen mußte, als die Stiefschwestern ihr ihre schönen Kleider weggenommen hatten.

Robert von Ranke-Graves zitiert eine französische Ballade aus dem 12. Jahrhundert, in der es ausgerechnet einem Schuster gelingt, die Gunst einer schönen Schloßherrin zu gewinnen, als er nämlich ihre Füße berührt, um ihr Schuhe anzumessen. »Es ist klar«, schreibt er, »daß die Zauberkraft der Göttin in ihren Füßen lag und daß er, als er ihren Fuß in die Hand nahm, sie dazu bringen konnte zu tun, was immer er wollte.«[31] Auch in anderem Zusammenhang werden die Füße betont. Von der Schechina, das ist der hebräische Name für die Sophia, die Weisheit, schreibt Gershom Scholem: »Diese kann sich in einem überirdischen Lichtglanz manifestieren. Sie kann unter Bildern beschrieben werden, so etwa, wenn die Rede ist von den ›Flügeln der Schechina‹, unter denen sich die Frommen bergen, oder von dem ›Antlitz der Schechina‹, das sie schauen, oder den ›Füßen der Schechina‹, die, wer eine Sünde im geheimen begeht, aus der Welt gleichsam verdrängt.«[32]

So war Aphrodite womöglich deshalb bereit, einen so hohen Preis für die Zurückgewinnung ihrer Sandale zu zahlen, weil sie etwas mit ihrer Anwesenheit oder Macht auf der Erde zu tun hat. Von Maria heißt es, daß überall, wo sie hintritt, die schönsten Blumen aus der Erde sprießen. Umgekehrt kann es von einem Gewalttäter heißen, daß dort, wo er hintritt, kein Gras mehr wächst, und den Teufel erkennt man am Pferdefuß. Die Erde gilt in der Bibel als »Schemel der Füße« Gottes, und die Fußspuren des indischen Gottes Vishnu werden so dargestellt, daß seine Fußsohlen Symbole der ganzen Schöpfung zeigen. Der Fuß gilt als Sitz besonderer Macht, der Lebenskraft überhaupt, die Befruchtung und Segen bringt, und diese Bedeutung wird auch auf die Schuhe übertragen. Der Schuh ist Sinnbild der Macht und des Besitzens. So kann der Schuh beim Zaubern die ganze Person vertreten, der er gehört, und man kann zum Beispiel ein Feenkind fangen, indem man rote Schuhe an einen Baum nagelt. Unzählig sind die magischen Bedeutungen von Fuß und Schuh im Aberglauben. Die Siebenmeilenstiefel im Märchen und der gestiefelte Kater sind nur zwei weitere Beispiele. All dies deutet hin auf die ursprünglich wohl den Füßen der weiblichen Göttin zugeschriebene Lebenskraft. Wie schon erwähnt, gilt ihr Pantoffel oder Schuh als Sexualsymbol und der kleine Pantoffel Aschenputtels überdies als Zeichen besonderer Schönheit, wie noch heute das orientalische Schönheitsideal ein kleiner Fuß ist, was wiederum mit der Vagina-Bedeutung in Verbindung gebracht wird.

Zum germanischen Hochzeitsritual gehört, daß der Bräutigam der Braut einen, meist neuen, Schuh anpaßt. Da es also keineswegs der Fuß des Bräutigams ist, der in den Schuh schlüpft, irritiert dieser zunächst einleuchtende Vergleich des Schuhs mit dem weiblichen Schoß. Was so gut zueinander paßt, sind Fuß und Schuh der Frau selbst.

In der astrologischen Analogiedeutung entsprechen Hände und Füße dem Wasserzeichen der Fische, und in der anatomischen Entwicklung sind die Flügel der Vögel und ihre Füße aus den Fischflossen hervorgegangen. Der Fischschwanz ist bekannt als Unterleib der Wassernixen und zahlreicher archaischer Göttinen, zum Beispiel der Diana von Ephesus. Ihr ureigenstes Element ist ja das Wasser, das Urmeer. Aus ihm wurde Aphrodite geboren, und das Wasser, über dem der Geist brütet wie eine Taube, ist nach der Bibel der Anfang der Schöpfung. Die Füße der Göttin sind das Fischgestaltige an ihr, sie erinnern, auch wenn sie keinen Fischschwanz mehr hat, sondern ganz auf die Erde gekommen ist und menschliche Gestalt angenommen hat, noch an ihre Herkunft aus dem Meer. Wo sie hintritt wie Maria, sprießen Blumen aus der Erde, denn wo Wasser ist, wo Quellen sprudeln, wird die Erde grün. Die Erde wäre demnach ihr Schuh, in den ihr Fuß so gut hineinpaßt wie das Wasser in die Erde, wenn es sie durchströmt und fruchtbar macht. Die goldenen Sandalen Aphrodites waren ein Werk ihres Gatten Hephaistos, des Gottes des Feuers und der Schmiedekunst, und nicht von ungefähr wurden ihr und Rhodope die Schuhe geraubt, als sie gerade badeten. Wo Fuß und Schuh der Göttin zusammengefügt werden, entstehen Leben und Vegetation. Das Anpassen der Schuhe als Hochzeitsritual ahmt die Schöpfung nach, und der Bräutigam, der seiner Braut den Schuh hinhält, huldigt damit ihrer lebenspendenden Kraft. Mit dem neuen Schuh legt er ihr sein Haus oder sein Herz zu Füßen, damit sie darin einziehe und Segen wirke. – Buchstäblich umgekehrt wird also hier ein Schuh daraus.

Selbstverständlich gibt es auch eine männliche Wassersymbolik, zum Beispiel den Schaum, aus dem Aphrodite hervorging, er sammelte sich um die abgeschnittenen Genitalien des Uranus. Dies ist ein jüngerer Mythos, während das Urmeer, durch die Göttin dargestellt, die männlichen und weiblichen Pole noch ungetrennt enthält. Ein oft verwendetes Symbol dafür ist die Schlange, die sich in den Schwanz beißt als Zeichen für den Kreislauf des Lebens durch Tod und Geburt hindurch.

Was der Königssohn mit dem zierlichen goldenen

Pantoffel in der Hand hält, ist ein Beweis für die Anwesenheit seiner Tänzerin auf der Erde. Sie ist nicht nur ein vogelgestaltiges Geistwesen, das ihm immer wieder entwich, sondern es muß sie wirklich geben. Und hat er erst ihren linken Pantoffel, hat er sie praktisch schon selbst. Er ist dem Augenblick des Erkennens und Findens nahe gekommen, weil er durch den Schuh nun auch die dritte, ihm noch verborgene Dimension des Weiblichen zumindest ahnt, alles, was ihr Sternenkleid ausdrückte.

Ausgerechnet im Pech leuchtet für ihn Gold auf, Symbol des Edlen und Vollkommenen, dem kein böser Geist innewohnen kann. So ist ihm das gelungen, was Alchemisten jahrhundertelang versuchten: aus unedlem Material Gold zu gewinnen. Dieser Destillationsprozeß ist ein Gleichnis für die Selbstwerdung und Selbstfindung. Der Königssohn hat eine Beziehung zum Göttlichen in sich selbst gefunden, zu einem königlichen Geist. Wie auch in jedem anderen seelischen Wachstumsprozeß gelingt dies gerade dem, der sich entschlossen mit dem Schwarzen in sich selbst, mit allem, was an Böses, Verachtetes und an den Tod gemahnt, auseinandersetzt. Viele Initiationsriten für männliche Helden enthalten das Motiv der Wiedergeburt. Der Held muß noch einmal in den schwarzen Schoß der Mutter eingehen, um als Gewandelter daraus hervorzugehen. Hat er dies nicht gefürchtet und kann er nun mit der Todesfurcht, mit dem Pech, umgehen, dann gelingt es ihm auch, die Taube zu fangen, das Symbol für Geist und für Liebe.

Dazu hat er die Treppe seines eigenen Schlosses

mit Pech bestreichen lassen, sie zur Vogelfalle gemacht. Er wirkt damit der eigentümlichen Sprunghaftigkeit seiner Tänzerin entgegen, die einmal ins Taubenhaus, das andere Mal in den Birnbaum springt und trotzdem dort nicht zu finden ist. Mit Recht schließt er daraus, daß sie in der Realität keinen rechten Ort, keinen Stand hat. Wer eine Sünde begeht, heißt es von der Schechina, vertreibt ihre Füße von der Erde. Aschenputtels Füße hatte man in Holzpantinen gesteckt, ihren Füßen damit die Bodenberührung verwehrt.

Wie die Orte, die das Märchen erwähnt, zueinandergehören, bleibt unklar. Sicher, da ist das Haus, in dem der reiche Mann mit seiner Frau und den Töchtern wohnt, und da ist das Schloß des Königs. Ob Taubenhaus und Garten mit Birnbaum aber zum Schloß oder zum Haus des reichen Mannes gehören, bleibt ungesagt. Deutlicher wird etwas anderes: Grab, Haselnußbaum und weißes Vöglein darauf bilden die innere Achse aller Orte, die allerdings den meisten unsichtbar bleibt. Auf der Ebene des weißen Vögleins erscheint in der Realität das Taubenhaus, auf der Ebene des Haselnußbaums der Garten mit dem Birnbaum, und schließlich rückt die Küche, in der Aschenputtel lebt, auf die Ebene des Grabes. Das Schloß, in dem der Tanz stattfindet, läßt sich schwer einordnen. Es ist die Wohnung des Königssohns, die vom Tanz belebt wird. Der Tanz aber, der in das Sein einführt, entspricht damit einer Bewußtseinserweiterung, und die wird dem Königssohn durch seine Tänzerin zuteil. Entsprechend ist das Schloß ein Symbol des Bewußtseins, und die Treppe, die Aschenputtel hinabspringt, führt in die Ebene unterhalb des Bewußtseins. Bisher gibt es keine erkennbare Verbindung, weder zwischen den einzelnen Ebenen noch zwischen der unsichtbaren Achse und den realen Orten. Nur Aschenputtel scheint zu allen Orten und Ebenen Zugang zu haben. Aber sie muß oft springen dazu, hinauf und hinab. Es ist, als lasse der Königssohn die Treppe nicht nur mit Pech bestreichen, sondern lege mit ihr überhaupt erst einmal eine Verbindung an zwischen den Ebenen, zwischen Bewußtem und Unbewußtem, zwischen Diesseits und Jenseits. Und tatsächlich gewinnt er dadurch zumindest den goldenen Pantoffel, er bereitet einen Boden, auf dem die Weisheit in der Realität Fuß fassen kann. Pech ist auch ein Dichtungsmittel, zum Beispiel für Weinfässer. Der Königssohn verdichtet mit dem Pech auch seine eigene Persönlichkeit, wird fester und männlicher, gerade indem er eine Verbindung zu seinem Unbewußten herstellt.

Die falschen Bräute

Am nächsten Morgen ging er damit zu dem Mann und sagte zu ihm: »Keine andere soll meine Gemahlin werden als die, an deren Fuß dieser goldene Schuh paßt.« Da freuten sich die beiden Schwestern, denn sie hatten schöne Füße. Die älteste ging mit dem Schuh in die Kammer und wollte ihn anprobieren, und die Mutter stand dabei. Aber sie konnte mit der großen Zehe nicht hineinkommen, und der Schuh war ihr zu klein; da reichte ihr die Mutter ein Messer und sprach: »Hau die Zehe ab: wann du Königin bist, so brauchst du nicht mehr zu Fuß zu gehen.« Das Mädchen hieb die Zehe ab, zwängte den Fuß in den Schuh, verbiß den Schmerz und ging heraus zum Königssohn. Da nahm er sie als seine Braut aufs Pferd und ritt mit ihr fort. Sie mußten aber an dem Grabe vorbei, da saßen die zwei Täubchen auf dem Haselbäumchen und riefen:

»Rucke di guck, rucke di guck,
Blut ist im Schuck (Schuh):
Der Schuck ist zu klein,
Die rechte Braut sitzt noch daheim.«

Da blickte er auf ihren Fuß und sah, wie das Blut herausquoll. Er wendete sein Pferd um, brachte die

falsche Braut wieder nach Haus und sagte, das
wäre nicht die rechte, die andere Schwester sollte
den Schuh anziehen. Da ging diese in die Kammer
und kam mit den Zehen glücklich in den Schuh,
aber die Ferse war zu groß. Da reichte ihr die
Mutter ein Messer und sprach: »Hau ein Stück von
der Ferse ab: wann du Königin bist, brauchst du
nicht mehr zu Fuß zu gehen.« Das Mädchen hieb ein
Stück von der Ferse ab, zwängte den Fuß in den
Schuh, verbiß den Schmerz und ging hinaus zum
Königssohn. Da nahm er sie als seine Braut aufs
Pferd und ritt mit ihr fort. Als sie an dem Haselbäumchen vorbeikamen, saßen die zwei Täubchen
darauf und riefen:

> »Rucke di guck, rucke di guck,
> Blut ist im Schuck:
> Der Schuck ist zu klein,
> Die rechte Braut sitzt noch daheim.«

Er blickte nieder auf ihren Fuß und sah, wie das
Blut aus dem Schuh quoll und an den weißen
Strümpfen ganz rot heraufgestiegen war. Da
wendete er sein Pferd und brachte die falsche Braut
wieder nach Haus. »Das ist auch nicht die rechte«,
sprach er.

An den Schwierigkeiten, die der Königssohn trotz
allem bei der Suche nach der richtigen Braut
hat, wird deutlich, daß er nun zwar ein inneres, ein
Seelenbild von der Frau hat, die seine Gemahlin
werden soll, aber nicht weiß, wie sie aussieht. Er
hätte doch, fragt man sich verwundert, die falschen

Bräute am Gesicht erkennen können, nachdem er drei Tage lang mit der richtigen getanzt hat. Denkbar wäre zwar, daß sie verschleiert waren, aber davon erzählt das Märchen nichts. Wieder einmal lenkt es durch einen scheinbaren logischen Widerspruch die Aufmerksamkeit auf das, was nicht vor Augen liegt.

Der Königssohn »geht zu dem Mann« und verkündet ihm seinen Beschluß. Er tritt königlich auf, fragt nicht, bittet nicht, sondern gibt seinen Willen kund. Noch einmal verwundert es, daß der König, der für seinen Sohn das Fest ausrichtete, nicht genannt wird, sondern wieder der reiche Mann. In der Fassung von Perrault beauftragt der Königssohn einen Kammerherrn, die Schuhprobe vorzunehmen, aber in unserer Fassung läßt er es sich nicht nehmen, dies persönlich zu tun, und geht gleich direkt auf den Mann zu, den er anfangs um Rat und Hilfe gebeten hatte. Wie auch immer, »der Mann« ist hier Repräsentant des männlichen, patriarchalen Denkens, das zu durchbrechen der Königssohn sich nun anschickt. Mit dem goldenen Pantoffel in der Hand tritt er am anderen Morgen vor die Öffentlichkeit, fordert sie heraus. Er paßt sich nicht an, sondern erhebt den Anspruch, daß die Wirklichkeit sich seinem Traumbild anzupassen habe. Von diesem Morgen her betrachtet, wirken die drei Tage des Festes wie eine innerseelische Bühne, wie ein Tanz, der sich im Königssohn abgespielt hat und von dem er nun sein Handeln leiten läßt. Nun aber bewegt er sich im nüchternen Tageslicht der Realität, und es muß sich zeigen, ob er es durchhält, bei seinen Entscheidungen gleichzeitig nach außen und nach innen zu schauen, oder ob er durch das, was er außen wahrnimmt, von seinem Ziel abgelenkt wird.

Da ist das Haus des reichen Mannes, und da sind zwei schöne Töchter. Der ersten scheint der Schuh zu passen, und er nimmt sie als seine Braut auf sein Pferd und reitet mit ihr heim. Ahnungslos fällt er auf den Betrug herein. Aber sie müssen am Grabe vorbei. Niemals noch schien der Weg der handelnden Personen zu diesem Grab hinzuführen, nur Aschenputtel suchte es auf. Wenn es aber ums Heiraten geht, führt offenbar kein Weg am Grab der Mutter vorbei. Das für den Mann Abgründige am Weiblichen, das ihn an Geburt und Tod erinnert, taucht aus dem Unbewußten auf, erschreckend und faszinierend. Aber nicht umsonst hat der Königssohn mit Aschenputtel getanzt und nicht umsonst sein Inneres bis ins Pech hinab erkundet: Er sieht auch den Haselnußbaum, der auf dem Grab wächst, und er hört und versteht auch die Stimme der Tauben. Die Sprache der Vögel zu verstehen gilt als Zeichen der Erleuchtung, der Weisheit.

Das Girren der Tauben hat schon immer dazu verlockt, ihm eine Bedeutung zuzuschreiben. Mehrere lautmalerische Texte sind im Umlauf, zum Beispiel ruft die Turteltaube: »Was ich tu, is alls gutt«, oder der Täuberich nennt seine Frau: »Trutenfru, Trutenfru« und ruft nach ihr: »Bring her mine Fru, Fru, Fru.« Gute Gerüche aus der Küche loben die Tauben mit: »'t rucket gut, 't rucket gut«[33]. Aber ihr Rufen kann auch als Klage über einen Toten aufgefaßt werden. Das erinnert an ihre Bedeutung als Seelenvögel. In anderen Fassungen des Märchens verraten die Tauben dem Königssohn auch den Aufenthaltsort Aschenputtels.

Hier nun lenken sie seine Aufmerksamkeit auf das Blut im Schuh. Die Intuition, eine Eingebung sagt ihm, daß etwas nicht mit rechten Dingen zugeht. Von dem, was zwischen Mutter und Tochter in der Kammer, vor seinen Augen verborgen, vor sich ging, weiß er ja nichts. Aber er nimmt die Stimme der Tauben und das rätselhafte Blut im Schuh zum Zeichen, daß er umkehren muß. Und als sich mit der zweiten Tochter dasselbe wiederholt, wendet er nochmals sein Pferd und kehrt um. Er wirkt in diesen Szenen wie ein Träumer, fast blind für äußere Tatsachen, allein seinem inneren Bild und den Stimmen der Tauben gehorchend.

Mit voller Absicht wollen die Stiefmutter und die beiden Schwestern ihn täuschen. Königin und Königinmutter zu werden, teilzuhaben an der Macht, am herrschenden Prinzip, ist ihr einziges Ziel, das ihnen das Opfer der Selbstverstümmelung wert ist. Eine Königin, das ist eine Dame, die bedient und mit der Kutsche spazierengefahren wird, sie braucht nicht mehr zu Fuß zu gehen. Darin spiegelt sich wohl die Vorstellung des einfachen Volkes vom Adel, aber ebenso die Entleerung des Frauenbildes. Die Frau gleicht im Patriarchat einer Puppe auf dem Paradekissen, hübsch anzusehen, aber leblos. Am ausgeprägtesten war dieser Frauentyp stets in den oberen gesellschaftlichen Schichten, zunächst im Adel, später, ihn nachahmend, im gehobenen Bürgertum, bei den »höheren Töchtern«. Außer ein paar Handarbeiten und etwas Konversation brauchten sie nichts zu tun, durften es nicht einmal, und zu wissen brauchten sie auch nichts. Ihre Tugend war ihre Jungfräulichkeit, und die wurde so sorgfältig bewahrt, daß sie nicht einmal selbst etwas erfuhren über die Vorgänge bei Zeugung und Geburt. Sie blieben buchstäblich »dumme Gänse«. Und es zeigt sich nun, daß alles, was die Schwestern und die Stiefmutter Aschenputtel vorwarfen, auf sie selbst zurückfällt und zutrifft. Sie schalten sie eine dumme Gans und meinten: »Wer Brot essen will, muß es verdienen.« Aber sie selbst waren weder bereit noch nach der Selbstverstümmelung imstande, Brot zu verdienen, nämlich als Königin ihrem Land Fruchtbarkeit zu bringen. »Seht einmal die stolze Prinzessin, wie sie geputzt ist!« Nun haben sie sich für den Königssohn mit Blut geputzt. »Du hast keine Kleider und kannst nicht tanzen, wir müssen uns deiner schämen.« Mit dem Tanzen war es für die beiden Schwestern nun ein für allemal vorbei. In grausiger Weise wendet sich die Aggression gegen das Weibliche nun gegen die Schwestern selbst. So wie der Vater mit Axt und Beil Taubenhaus und Birnbaum umhackte, drückt die Stiefmutter ihren Töchtern nun das Messer in die Hand, und sie richten es gegen sich selbst. Das blutige Ritual findet im geheimen, in einer Kammer statt.

Die Älteste muß sich den großen Zeh abhacken. Sie wird von da an auf den Fersen humpeln müssen, schwerfällig und plump. Verstümmelungen an Frauen sind noch bis in die Gegenwart üblich. Chinesinnen mußten sich schon im Kindesalter die Füße so eng einbinden, daß diese nicht wuchsen und sie nur trippeln konnten. Noch mehr erinnert das Abhacken der Zehe an die Beschneidung der Klitoris. Sie soll der Frau die Fähigkeit zum Orgasmus nehmen und würdigt sie damit herab zur Gebärmaschine. Das Unheimliche an diesen Riten ist, daß sie von älteren Frauen vorgenommen wurden, sie vollziehen die Rituale, die ihren Töchtern eine vornehme Ehe garantieren. Was in anderen Kulturen durch körperliche Torturen erreicht wird, wird in Europa durch die subtileren Methoden der Erziehung und der Moral bewirkt. Die plump wirkende Frau, geeignet fürs Gebären, für Küchen- und Feldarbeit, gilt als brav und praktisch. Ihrem schwerfälligen Gang gleicht ihre geistige Ausstattung. Sie kann ihre Gedanken kaum vom Boden erheben, lebt stumpf dahin und gab der patriarchalen »Kultur« das Recht, vom »physiologischen Schwachsinn des Weibes«[34] zu reden.

Die jüngere der Schwestern muß sich die Ferse abhacken. Sie wird von da an auf Zehen laufen müssen. An ihr manifestiert sich das entgegengesetzte Erziehungsideal: die Frau als geschlechtsloses Wesen, das dem »Höheren« zugetan ist. Ob sie dann das Leben einer schonungsbedürftigen, kränkelnden Frau, einer Nonne oder »alten Jungfer« zu führen hatte, hing von den Umständen ab, unter denen sie aufwuchs.

Eine Dimension wird dem Weiblichen in jedem der beiden Fälle abgeschnitten, entweder die des Taubenhauses, die Fähigkeit, geistige Impulse aufzunehmen und mit ihnen umzugehen, oder die des Birnbaums, die Fähigkeit, ihren Leib zu akzeptieren und Mutter werden zu können.

Bis in die Gegenwart hinein wirken diese Ver-stümmelungen und äußern sich in dem tief eingewur-zelten Minderwertigkeitsgefühl vieler Frauen. Wie die Mutter im Märchen ihren Töchtern das Messer reicht, so trägt die erwachsene Frau dieses Messer in ihrem patriarchal geprägten Bewußtsein und bringt sich, ohne es zu merken, in einer Kammer ihres Unbewußten diese Verletzungen immer wieder selbst bei, in der Meinung, nur so dazugehören zu können, nur so dem König, dem herrschenden Prinzip, zu passen. Beim »Cinderella-Komplex« überläßt die Frau dem Mann das Denken und Handeln, da er der Klügere sei, und die emanzipierte Frau paßt sich der patriarchalen Kultur und ihrer Verachtung des Weib-lichen so sehr an, daß sie von »Kindern, Küche und Kirche« nichts mehr wissen will.

Das schneidende Messer setzt dort an, wo es im Unbewußten verletzt, an den Füßen, am Fischleib, der die Frau mit dem Großen Weiblichen, dem Urmeer, verbindet, wo Leben, Tod und Wiederge-burt ineinander verschlungen sind, indem die urobo-rische Schlange sich in den Schwanz beißt. Die wirk-liche Schlange tut das, wenn sie sich häutet, also verjüngt. Dieser Schlange soll der Kopf zertreten werden (1. Mose 3,15 b). Jeder Frau wird beige-bracht, daß das Weibliche das Tor sei, durch das Sünde und alles Unglück über die Menschheit gekom-men sei. Und das schmerzt sie deshalb besonders, weil ihr ursprünglicher Instinkt ihr sagt, daß ihre Aufgabe umgekehrt die ist, den Menschenkindern Segen und Gedeihen zu spenden. Aber es wird ihr zugemutet, den Schmerz darüber gehorsam zu verbeißen. Es wird von ihr verlangt, ihre Verbindung mit der fischgestaltigen Jenseitsgöttin abzutrennen und das Wissen von ihr aus ihrem Bewußtsein zu löschen. Denn die Jenseitsgöttin, die Himmelsgöttin, soll begraben sein; wo einst ihr lebendiges Wasser sprudelte, zeigt man nun auf die Schlange, die im Staub kriecht, auf Asche und Totengebein.

Und doch trägt jede Frau die Zeichen der Großen Göttin, unterliegt dem Gezeitenwechsel der Mondgöttin mit ihrem Monatszyklus, nimmt, ob sie will und es ihr bewußt wird oder nicht, teil an den uralten Blutmysterien des Weiblichen. Eingeweiht wird sie in diese Geheimnisse von der Mutter nicht mehr, eher empfindet sie es als Strafe oder Schande, davon gezeichnet zu sein.

Denkbar ist, daß das Märchen darauf hindeutet, daß die beiden Schwestern zur Hochzeit wollen, während sie Blut im Schuh haben. Was das »Handwörterbuch des deutschen Aberglaubens« mitteilt, legt diese Vermutung nahe: »Wenn die weibliche Periode neben ›roter König‹, ›Tante‹ und anderen personifizierenden Umschreibungen auch der ›rote Schuster‹ genannt wird, so ist besonders dort eine Beziehung zum Schuh vorhanden, wo die in der warmen Jahreszeit auf dem Lande barfuß gehenden weiblichen Personen während der Menstruation Schuhe anziehen. Daher sagt man auch von einem menstruierenden Mädchen, daß es ›in die Schuhe kommt‹.«[35]

Wie das Unbewußte oft dem einseitig ausgerichteten Menschen einen Streich spielt, hätte die Mutter aus dem Grab durch die Stimme der Tauben also gerade enthüllt, was dem Königssohn durch die

Geheimnistuerei in der Kammer verborgen bleiben sollte.

Das Unglück des Menschen sei, hat einmal jemand gesagt, daß er das Ende nicht mit dem Anfang zu verknüpfen verstehe. Diese Kunst aber ist gerade das Geheimnis des Weiblichen, das in der Heiligen Hochzeit gefeiert wird. Da die beiden Schwestern in dieses Geheimnis nicht eingeweiht waren, paßten ihre Füße nicht in den goldenen Schuh, das Symbol der Vollendung.

Die rechte Braut

»Habt ihr keine andere Tochter?« – »Nein«, sagte
der Mann, »nur von meiner verstorbenen Frau ist
noch ein kleines verbuttetes Aschenputtel da: das
kann unmöglich die Braut sein.« Der Königssohn
sprach, er sollte es heraufschicken, die Mutter aber
antwortete: »Ach nein, das ist viel zu schmutzig,
das darf sich nicht sehen lassen.« Er wollte es aber
durchaus haben, und Aschenputtel mußte gerufen
werden. Da wusch es sich erst Hände und Angesicht
rein, ging dann hin und neigte sich vor dem Königssohn, der ihm den goldenen Schuh reichte. Dann
setzte es sich auf einen Schemel und zog den Fuß
aus dem schweren Holzschuh und steckte ihn in den
Pantoffel, der war wie angegossen. Und als es sich
in die Höhe richtete und der Königssohn ihm ins
Gesicht sah, so erkannte er das schöne Mädchen,
das mit ihm getanzt hatte, und rief: »Das ist
die rechte Braut!« Die Stiefmutter und die beiden
Schwestern erschraken und wurden bleich vor
Ärger: er aber nahm Aschenputtel aufs Pferd und
ritt mit ihm fort. Als sie an dem Haselbäumchen
vorbeikamen, riefen die zwei weißen Täubchen:

»Rucke di guck, rucke di guck,
Kein Blut ist im Schuck:

Der Schuck ist nicht zu klein,
Die rechte Braut, die führt er heim.«

Und als sie das gerufen hatten, kamen sie beide
herabgeflogen und setzten sich dem Aschenputtel
auf die Schultern, eine rechts, die andere links, und
blieben da sitzen.

Als der Königssohn auch die zweite falsche Braut
wieder zurückbringt, fragt er die Eltern: »Habt
ihr keine andere Tochter?« Er fragt ins Dunkel hinein, wie an eine verschlossene Wand hin. Kein
Anhaltspunkt gab ihm Grund zu dieser Frage, sondern allein der Wunsch, in der sichtbaren Wirklichkeit müsse es etwas geben, das seinem inneren Bild
entspricht.

Im Hochzeitsspiel um die entführte Braut werden
die Entführer den suchenden Bräutigam auch durch
Verleugnung des schon gefundenen Verstecks der
Braut in die Irre zu leiten versuchen. Die Braut aber
frohlockt, wenn sie seine Schritte hört:

»Horch! Mein Liebster, sieh, da kommt er,
springt über die Berge, hüpft über die Hügel!
Sieh, schon steht er hinter der Wand,
schaut durchs Fenster, blickt durch das Gitter!«

Hoheslied 2,8.9

Die Art, wie die Eltern den Königssohn abzuwei-
sen versuchen, ist abgründiger. Die Szene erinnert an
den Drachenkampf, den der Held zu bestehen hat.
Er muß den Drachen besiegen, der in seiner Höhle
die Prinzessin gefangen hält. Der Vater und die Stief-

mutter verhalten sich wie jemand, der sagt: »Nur über meine Leiche kommst du in mein Haus.« Sie haben so etwas wie eine Leiche im Keller, etwas, dessen sie sich schämen. »Nur noch ein kleines, verbuttetes Aschenputtel, das kann unmöglich die Braut sein.« (»Verbuttet« stammt wahrscheinlich von dem niederdeutschen Adjektiv »butt« ab. Es bedeutet: stumpf, kurz und dick, wie von einem Amboß breitgeschlagen, und im übertragenen Sinn: unansehnlich, klein, stumpfsinnig und dumm. »Der Butt« ist entsprechend Name für den flachen Schollenfisch[36].) An keiner Stelle ist ein Mensch so verwundbar wie dort, wo er etwas verdrängt, wo er seine Schmutzecke hat. Die soll kein Gast zu sehen bekommen, an diese Stelle in einem selbst soll kein anderer rühren. Als die einzige verwundbare Stelle des Drachen gilt sein Herz, das muß der Held treffen. Die Stiefmutter windet sich: »Ach nein, das ist viel zu schmutzig, das darf sich nicht sehen lassen.« Aber der Königssohn besteht darauf, daß es noch eine Tochter geben müsse. Er gibt sich mit der Alternative, die man ihm geboten hat, nicht zufrieden.

Die Alternativen, das Entweder-Oder, beherrschen das patriarchale Denken. Es gibt, behauptet man, nur die Wahl zwischen Leben und Tod, zwischen rot oder tot, zwischen gut oder böse. Du kannst, heißt es, nur Amboß oder Hammer sein, mußt dich entscheiden zwischen Ordnung oder Chaos, wirst entweder dem Licht dienen oder der Finsternis verfallen. Dazwischen gibt es nichts. Daß beide Alternativen hinken wie die beiden falschen Bräute, wird verleugnet. Die Grauzone, in welcher

die scheinbar unüberwindlichen Gegensätze ineinan-
derfließen, die Zone der Wandlungen, wird so tief
verdrängt, daß sie wie ein schmutziges Aschenputtel
aussieht, das man ängstlich verbirgt, obwohl doch
gerade dieses Aschenputtel am Herd, das für das
ganze Haus kocht und wäscht, die Lebensfunktionen
aufrechterhält.

Der Königssohn aber ist anderen Geistes, sein
inneres Bild vom Lebendigen vermittelt ihm die
Ahnung, daß gerade das, was man vor ihm verbergen
will, die Verhüllung derjenigen ist, die er sucht, die
verborgene Weisheit. Er beharrt darauf, daß Aschenputtel heraufgeschickt wird. Sein Machtwort öffnet
das Grab der Mutter.

Was sich nun abspielt, geht schlicht und selbstverständlich vor sich. Das wirklich Große ist das ganz
Einfache. Aschenputtel wäscht sich Hände und Angesicht rein und tritt hervor. Weder mutet sie dem
Königssohn zu, sie schmutzig zu sehen, noch verleugnet sie ihre Niedrigkeit, den Kittel und die Holz-
schuhe. Weder demonstriert sie trotzig mit dem, was
man ihr angetan hat, noch schämt sie sich, ihm in
ihrer unscheinbaren Hülle zu begegnen. Mit ihrer
Verneigung vor dem Königssohn gibt sie zu erkennen,
daß nur er für sie zählt. Sie verzieht sich nicht in eine
Kammer, sondern setzt sich ganz natürlich auf einen
Schemel und zieht den goldenen Pantoffel an, den
der Königssohn ihr reicht. Sie spricht kein Wort dabei
und blickt nicht nach links und nach rechts. Als sie
sich aufrichtet, erkennt der Königssohn sie nun auch
am Gesicht, er ist auf die Schuhprobe allein nicht
mehr angewiesen. Er hat sie gefunden, weil er sie

erkannt hat, und während er sie findet, erkennt er sie. Erkennen und Lieben, vom Mann her gesehen, sind in der Bibel gleichlautende Worte.

Der goldene Pantoffel, den seine Tänzerin ihm ließ, ist nun zugleich Symbol für das Herz des Königssohns, für sein Schloß und sein Land, in das nun seine rechte Braut einziehen wird als eine Königin, die das Wasser des Lebens einströmen läßt in den seelischen Bereich ebenso wie in das Bewußtsein und damit dem ganzen Land Fruchtbarkeit bringt. Im Hohenlied sagt die Braut von sich:

»Der Quell meines Gartens
ist ein Born lebendigen Wassers,
das da herabströmt vom Libanon.
Wach auf, Nordwind, und komm herbei, Südwind,
durchweh meinen Garten, daß seine Düfte strömen,
es komme mein Liebster in seinen Garten
und esse seine köstlichen Früchte!«

Hoheslied 4,15.16

Die Stiefmutter und die beiden Schwestern werden bleich vor Ärger, der Schreck bringt ihr Blut zum Erstarren, so daß sie die Farbe des Todes annehmen. Wem es je geschieht, daß sein Innerstes nach außen gekehrt wird, so daß er sich entblößt vorkommt, erlebt dies wie ein Sterben. Denn alles, worauf er bisher seine Existenz stützte, alle Maßstäbe, nach denen er sich richtete, zerbrechen. Eine Erschütterung dieser Art kann der Anfang eines neuen, gewandelten Lebens werden. Aber das Märchen zeichnet mit härteren Strichen. Es läßt sie da stehen und verfolgt den Weg des Königssohns, der unverzüglich mit seiner Braut fortreitet.

Die Tauben auf dem Haselbäumchen bestätigen ihm, daß er nun die richtige Braut heimführt. Er erlebt die Übereinstimmung zwischen Traum und Wirklichkeit, die glücklich macht, die Harmonie zwischen sich und der Welt, die ergreift und erhebt und die wir Schönheit nennen.

Diesmal rufen die Tauben nicht nur, sondern kommen herbeigeflogen und lassen sich auf den Schultern Aschenputtels nieder. Das Bild des Vogels auf der Schulter ist nur noch von Hexen her bekannt, von denen es heißt, ein Rabe oder eine Krähe hocke auf ihren linken Schultern. Nur in dieser verzerrten, häßlichen Gestalt erscheint noch das ursprüngliche Bild der Göttin der Liebe, deren geistige Überlegenheit durch die Tauben dargestellt wird. Die Mutter ist in ihrer Tochter auferstanden, Aschenputtel wird von ihr selbst gekrönt mit den Zeichen ihrer Weisheit.

Eines der Hochzeitslieder aus dem Hohenlied mag ihren Ritt in den Frühling begleiten:

»Komm nur, mein Liebster;
laß uns ausgehen in die Flur,
nächtigen im Weinberg,
früh aufwachen und schauen,
ob der Weinstock treibt,
ob die Weinblüten aufgehn, die Granatäpfel blühen,
die Liebesäpfel duften und alle köstlichen Früchte,
neue und alte, Liebster, die ich dir bewahrte,
dort will ich dir meine Liebe geben.«

Hoheslied 7,12–14

Während das glückliche Paar am Haselbäumchen vorbeireitet und ihre Gestalten in duftenden Weinbergen verschwinden, könnte den Betrachter, der ihnen nachschaut, Wehmut beschleichen. Was dem Märchenpaar gelungen ist, geschieht in Wirklichkeit so selten. Nach wie vor behauptet die patriarchale, der Liebe feindliche Bewußtseinsstruktur in der Realität ihre Macht. Ihre Wandlung durch eine Heilige Hochzeit, die alles einbezöge, ist kaum vorstellbar. Trotzdem: Dem einzelnen Menschen kann es gelingen, mitten in dieser Welt ein Königreich der Liebe zu gründen und einen Garten anzulegen, in dem seine Kreativität gedeiht.

Keine Frau ist nur Aschenputtel, aber jede hat die Möglichkeit, das Aschenputtel in sich selbst zu finden und zu erleben, wie es sich entwickelt und schließlich seine schönen Kleider entfaltet. Kein Mann ist nur ein Königssohn, aber er kann sich zu dem Königssohn in sich selbst bekennen und ihm die Führung überlassen. Die Liebe hat die zauberische Macht, in der Frau das Aschenputtel aus seiner Asche herauszulocken und den Königssohn zu wirklich königlichem Handeln reifen zu lassen. Verena Kast hat die schöpferische Macht der Beziehungsphantasien geschildert[37]. Wer verliebt ist, vergöttert in seiner Phantasie nicht nur den geliebten Menschen, sondern sieht auch sich selbst in einer göttergleichen Gestalt, in der er dem anderen gern begegnen möchte. Und die Liebe hat die Kraft, im Liebenden und im Geliebten diese schlafenden Fähigkeiten so zu verstärken, daß sie in die Wirklichkeit treten und zur unverlierbaren Eigenschaft werden.

Aschenputtel ist eine Anima-Gestalt. Sie als Göttin der Liebe schafft Beziehung, indem sie alles um sie her belebt. Ohne die Anima, die keineswegs nur eine weibliche Gestalt im Manne, sondern ebenso in der Frau ist, bliebe die Welt leer und leblos. Schon als Aschenputtel den Vater um das grüne Reis bittet, stellt sie eine Beziehung her zwischen scheinbar Unzusammenhängendem. Und sie ist es, welche die Beziehung mit dem Königssohn herstellt, als sie in ihren wunderbaren Kleidern zum Tanz erscheint und ihm schließlich den goldenen Pantoffel hinterläßt. In ihrer Phantasie sieht sie im Königssohn schon von weitem den, der sie erkennen wird, und sieht sich selbst in ihrer göttlichen Gestalt.

Als der Königssohn zu dem Fest rüstet, das ihm seine künftige Frau zeigen will, erwacht in ihm die Phantasie davon, wer er für seine Gemahlin sein möchte und wie sie beschaffen sein soll. Diese sie beide über das Normale hinaushebende Beziehungsphantasie hat schließlich die schöpferische Kraft, den Königssohn zum wahren König werden zu lassen und Aschenputtel auch in der Wirklichkeit aus ihrem verschlossenen Raum herauszuführen. Da erscheint sie nicht in Kleidern aus Gold und Silber, aber doch deutlich erkennbar unter ihrem grauen Kittel. Beide finden trotz aller Hindernisse zueinander, weil ihre Beziehungsphantasien zueinander passen.

Wie groß die Hindernisse sein können, die der Verwirklichung der Liebe im Wege stehen, das wird im Märchen geschildert und durch den Gang der Handlung doch überspielt. Es wäre auch ein Königssohn denkbar, der sich damit begnügt, einmal tanzend die Liebe erfahren zu haben, der den goldenen Pantoffel zwar aufhebt, aber nicht losgeht, um diejenige zu suchen, zu der er paßt. Vielleicht hütete er den goldenen Pantoffel wie eine Trophäe oder einen heimlichen Schatz, bis er zuletzt wieder im Pech versinkt. Ein solcher Mann ließe sich von dem väterlichen Denken bestimmen und wagte es nicht, sich zum Traumbild des Königssohns in sich zu bekennen.

Ebenso wäre auch ein Aschenputtel vorstellbar, das sich im letzten Augenblick doch scheut, aus seiner Küche hervorzukommen und sich öffentlich zu sich selbst und zum Königssohn zu bekennen. Eine solche Frau ließe sich vom Urteil der Stiefmutter bestimmen, sie sei doch viel zu unansehnlich und schmutzig, um einem Mann gefallen zu können.

Es ließen sich noch manche weiteren Klippen und Spalten nennen, an denen Aschenputtel und der Königssohn hätten scheitern können. Im Märchen werden beide geschildert als von einer inneren Macht getrieben, von der Liebe, während sie den äußeren Mächten, der Stiefmutter und dem Vater, lange Zeit wehrlos gegenüberstehen. Die Realität, wie wir sie kennen, gesteht aber der Denkungsart der Eltern alles Recht zu. Ihr gegenüber erscheint der Königssohn, der mit einem Pantoffel in der Hand seine Braut suchen geht durchs ganze Land, wie ein Verrückter, und ein Aschenputtel, das Königin werden will, als etwas Unvorstellbares. Wer diese Denkungsart überwinden will, muß zuerst an sich selbst glauben und sich selbst lieben können. So drängte Aschenputtel zum Tanz, obwohl ihr gesagt wurde, sie habe keine Kleider und könne nicht tanzen, und so hielt der Königssohn sich selbst für würdig genug, ein Fest zu veranstalten.

Die Heilige Hochzeit, wie sie zwischen Mann und Frau gefeiert wird, ist auch ein Symbol dafür, wie in einem einzelnen Menschen der Ring des Lebens geschlossen wird, indem Fuß und Schuh ineinandergefügt werden, so daß es in ihm zu grünen und zu blühen beginnt: Seine schöpferischen Fähigkeiten erwachen und werden fruchtbar. Der Königssohn ist eine Gestalt, die auch in jeder Frau zum Fest rufen kann, und Aschenputtel eine Gestalt, die in jedem Mann ihre Kleider zum Leuchten bringen kann. Was das Märchen schildert, kann auch auf der inneren Bühne geschehen. Indem Aschenputtel das grüne Reis auf das Grab der Mutter pflanzt, nimmt sie das spätere Erscheinen des Königssohns schon vorweg. Der Haselnußbaum hat auch eine Beziehung zu Hermes, dem Götterboten, der zwischen himmlischem und irdischem Bereich vermittelt, die Trennwände zwischen ihnen durchbricht. So durchbricht auch der Königssohn später die Wand zwischen Aschenputtel und der Wirklichkeit und befreit sie, so daß sie sich zeigen kann. Eine Frau, die schöpferisch werden will, braucht diesen königlichen Geist, der sie ermutigt, aus der Verborgenheit ans Licht der Öffentlichkeit zu treten. Indem sie mit ihm Hochzeit feiert, wird sie zur Königin im eigenen Reich.

Und indem der Königssohn ein Fest ausruft, lockt er aus seinem eigenen Unbewußten die Anima hervor, die seine Seele belebende und befruchtende Kraft. Sie wird ihm die zauberhaften inneren Bilder zeigen, die in Aschenputtels Kleidern dargestellt sind. Aus ihnen schöpft er, sie geben seiner Phantasie Farbe und Lebendigkeit und bewahren sie davor, zu vertrocknen. Hat er dann den Mut, mit eben diesen innen geschauten Bildern vor die Öffentlichkeit zu treten und der Welt zu zeigen, wo in ihr die Weisheit verborgen liegt, dann schließt er den Ring, aus dem ihm immer neu Ideen zufließen, er wird König im Reich seiner Phantasie.

Die falschen Schwestern

Als die Hochzeit mit dem Königssohn sollte gehalten werden, kamen die falschen Schwestern, wollten sich einschmeicheln und teil an seinem Glück nehmen. Als die Brautleute nun zur Kirche gingen, war die älteste zur rechten, die jüngste zur linken Seite: da pickten die Tauben einer jeden das eine Auge aus. Hernach, als sie herausgingen, war die älteste zur linken und die jüngste zur rechten: da pickten die Tauben einer jeden das andere Auge aus. Und waren sie also für ihre Bosheit und Falschheit mit Blindheit auf ihr Lebtag gestraft.

Auf das strahlende Glück fällt ein Schatten: Die beiden Schwestern mischen sich noch einmal ein. Vater und Stiefmutter werden nicht mehr erwähnt, es ist, als seien sie beim Erscheinen Aschenputtels endgültig erbleicht, wie Nebel vor der Sonne verschwindet. Aber die Schwestern geben nicht auf. Erstaunlich ihre Fähigkeit, ihr Mäntelchen nach dem Wind zu hängen. Sie sind immer dort, wo nach ihrer Meinung die Macht wohnt. Die Haltlosigkeit dieser fast bedauernswerten Geschöpfe äußert sich in ihrem Bedürfnis, sich anzulehnen. Sie wollen ernten, wo sie nicht gesät haben. Aber die Tauben hacken ihnen die

Augen aus. Sie machen sichtbar, was von Anfang an galt: daß die beiden blind sind für die Liebe, weil sie nur die Macht zu sehen vermögen. Kein Blick auf das Brautpaar wird ihnen gegönnt: Ihnen wird das Auge ausgehackt, das dem Paar jeweils zugewendet ist. Sie waren schön und weiß von Angesicht, aber garstig und schwarz von Herzen. Nun haben sie das Gesicht verloren und müssen nach innen schauen, in die eigene Schwärze.

Wie verdient ihre Strafe auch sei, erschreckend ist das Verhalten der Tauben trotzdem. Sie tun, was Aschenputtel die Tauben einst geheißen hat: Die guten Linsen ins Töpfchen, die schlechten ins Kröpfchen. So picken sie die schlechten Augenlinsen auf. Gute Linsen sind Samenkörner, aus denen etwas keimt, das das Licht sehen wird. Auch Knospen werden Augen genannt, und die Augen sind ein Symbol des weiblichen Schoßes. Sonne und Mond werden als die Augen der Himmelskönigin bezeichnet. Linsen erinnern durch ihre Form auch an Münzen. Münzen sind geprägt mit den Zeichen der Macht. Es ist, als seien die Augen der Schwestern, statt von innen zu leuchten, von außen geprägt. Ihr Blick ist ein Silberblick, der nur die Embleme der Macht und des Geldes wahrnimmt. Und wie schlechte Linsen als Saatgut nicht taugen, weil aus ihnen nichts keimen kann, ebensowenig wie aus einer tauben Nuß, so wird nun den Schwestern bescheinigt, daß sie innen hohl sind.

Zwei traurige Gestalten, die trotzdem versuchen, einige Tropfen vom Honig des Glücks zu naschen. Sie wollen sich einschmeicheln, versuchen, dem Königssohn und seiner Braut ihre Unentbehrlichkeit zu beweisen. Immerhin hat der Königssohn jede von ihnen einmal auf seinem Pferd mit sich geführt, und erst die Tauben mußten ihm die Augen öffnen, daß er erkannte, daß sie die falschen Bräute waren. Etwas von ihnen hat sich mit ihm verbunden, obwohl oder gerade weil sie versucht hatten, ihn mit ihrem schönen weißen Gesicht zu blenden. Immerhin hat auch Aschenputtel ihnen die Haare gebürstet, die Schuhe geputzt und die Schnallen geschnürt. Etwas von ihrer Eitelkeit könnte auf sie übergegangen sein, obwohl oder gerade weil sie dabei weinen mußte. Erst danach lernte Aschenputtel, die guten von den schlechten Linsen zu unterscheiden.

Wer aber das Königreich seiner Liebe begründen und den Garten seiner schöpferischen Möglichkeiten anlegen will, ist gut beraten, die Weisheit zu bitten, ihn von jedem neidischen Blick zu befreien. Die Augen der eifersüchtigen Schwestern schielen immer nach der Macht. Die eine geht dabei auf Zehen und wird alles Gewonnene immer vergleichen mit einem König, der reicher und mächtiger ist als man selbst. Die andere humpelt auf den Fersen und wird die eigene Schönheit und Fruchtbarkeit immer herabziehen und verächtlich zu machen versuchen. Der neidische Blick, der sich immer mit anderen vergleicht und dadurch Unzufriedenheit weckt, wird die Saat des Glücks wegfressen und die Blumen der Freude zerpflücken. Er wird statt dessen Zwietracht säen zwischen den Liebenden oder die Früchte des eigenen Tuns madig machen. Wie klein immer das Reich der Liebe sein mag, wie bescheiden der Radius eigenen schöpferischen Wirkens, Gedeihen gibt es nur dort, wo der Blick allein auf die Quelle gerichtet ist, aus der Liebe und Kreativität kommen. Was wächst und blüht und Früchte trägt, hat sein Maß, den zierlichen Fuß, in sich selbst. Alles würde verdorben, wollte man auf großem Fuß leben, statt das rechte Augenmaß zu behalten, die Gabe der Weisheit.

So ist es ein vielleicht schmerzendes, aber wertvolles Hochzeitsgeschenk, das die Weisheit dem königlichen Paar macht, indem sie es reinigt von jedem Schielen nach anderen Königreichen. *Diese* Hochzeit bedarf keiner Augenzeugen, der Tempel der Heiligen Hochzeit darf nicht entweiht werden durch Mißgunst und Eitelkeit.

Die Schwestern erinnern mit ihrem Verhalten an die törichten Jungfrauen im Gleichnis Jesu. Sie gehen dem Bräutigam entgegen, haben aber kein Öl mit für ihre Lampen. Als um Mitternacht der Ruf erscholl: »Der Bräutigam kommt!«, baten die törichten die klugen Jungfrauen um Öl. Aber die klugen Jungfrauen schickten sie fort, es sich selbst zu kaufen. Und als sie zurückkamen, war der Bräutigam schon gekommen, die Tür zum Hochzeitssaal war verschlossen, und als sie anklopften, sagte der Bräutigam: »Ich kenne euch nicht« (Matthäus 25,1 ff.). Was im Gleichnis das Öl ist, ist im Märchen das Töpfchen mit guten Linsen. Die unter Leiden gesammelte Erfahrung, durch die eigene Identität gewonnen wird, läßt sich nicht teilen, sie ist der Schatz der eigenen Individualität. Wer dann, wenn der Bräutigam kommt, nur mit einer rußigen Lampe dasteht oder nur blinde Asche in sich hat, ist zur Hochzeit nicht bereit und nicht fähig. Die über sie verhängte Strafe kostete die Schwestern aber nicht das Leben. Es wäre das Thema eines neuen Märchens, zu verfolgen, ob auch ihnen, die nun ins eigene Dunkel blicken müssen, noch ein Licht aufgeht und ob die Tauben, die ihre Augen verschlungen haben, sie ihnen zuletzt nicht doch wiedergeben, erneuert und verwandelt, anstelle der schlechten Linsen Augensterne. Denn solange ein Mensch lebt, bleibt ihm immer wieder die Chance zu einem Neuanfang, auch wenn das Schicksal ihm so übel mitgespielt hat wie den Schwestern, die bei aller Bosheit doch auch Opfer einer Gesinnung wurden, die sie gewaltsam daran hinderte, ihre innere Lebendigkeit zu entwickeln.

Der Gang zur Kirche

Bleibt zum Schluß die Frage, was das Märchen mit dem Gang zur Kirche meint. Eine christliche Trauung wirkt aufgesetzt im Rahmen dieses Märchens, das von »Heidnischem« geradezu überfließt. Die »Heilige Hochzeit«, solange sie im Ritual eines Neujahrs- oder Frühlingsfestes gefeiert wurde, fand in einem Tempel statt, aber unter anderem Vorzeichen. Nicht im »Hause des Herrn«, im kyriakon, denn das heißt »Kirche«, sondern im Hause der Göttin, die von ihrer Priesterin dargestellt wurde. Ob sie buchstäblich vollzogen wurde oder nur rituell, darüber sind die Forscher sich nicht einig. Wahrscheinlich aber doch ursprünglich sehr leiblich-konkret, allenfalls in späteren Epochen nur noch zeremoniell. Ein sumerisch-akkadischer Hymnus von der Heiligen Hochzeit zwischen Inanna und Iddindagan, das ist ein anderer Name für Dumuzi, gibt eine Vorstellung davon. Da heißt es, die »Schwarzköpfigen«, die Menschen insgesamt, haben »der Herrin des Palastes einen Hochsitz errichtet. Der König, der Gott, weilt dort mit ihr. Daß sie das Schicksal der Länder entscheide, daß sie am guten ersten Tag aufleuchte, am Schwarzmondtag die göttliche Ordnung vollende, bereitete man am Neujahrstag, dem Tag der Kultfeiern, meiner Herrin das Lager, reinigte es mit Zweigen von Zedern, machte es meiner Herrin zum Lager. Legte ihr als Geschenk ein Kleid zurecht, daß sie sich in dem Kleid von Herzen freue, das Lager genieße. Badet man meine Herrin für den heiligen Schoß, badet sie für den Schoß des Königs, badet sie für den Schoß Iddindagans, wäscht man die heilige Inanna, besprengt den Boden mit duftendem Zedernharz. Der König geht stolz erhobenen Hauptes zum heiligen Schoß, Ama'usumgalanna (das ist Dumuzi, durch den König vertreten) liegt bei ihr, kost ihren heiligen Leib. Nachdem die Herrin sich im heiligen Schoß des Lagers gesättigt, nachdem die heilige Inanna sich im heiligen Schoß des Lagers gesättigt, spricht sie an der Stätte des Lagers zu ihm: Des Helden Iddindagan bin ich.«[38]

Dem Inhalt des Märchens folgend, wäre entsprechend zu erwarten, daß das Paar nun, statt sich in der Kirche trauen zu lassen, in den Tempel einzieht, wo das Lager bereitet ist. Und daß dort keine Zuschauer zugelassen waren, vermutet Hartmut Schmökel sehr entschieden. Das Hohelied enthält eine Beschwörung, die er jedenfalls so deutet:

»Seine Linke liegt unter meinem Haupte,
und seine Rechte liebkost mich.
Ich beschwöre euch, ihr Töchter Jerusalems,
bei den Gazellen und Hirschkühen des Feldes:
Wecket nicht und stört nicht auf die Liebe,
bis es ihr selbst gefällt!«

Hoheslied 2,6.7

Gazellen und Hirschkühe galten als der Göttin der Morgenröte heilig. »Ihre Anrufung bei der Bitte der Göttin, die Liebesnacht nicht am frühen Morgen schon zu stören, bekommt damit einen guten Sinn.«[39] So könnte man die Schwestern, die selbst hier noch mit eindringen wollen, als törichte »Töchter Jerusalems« bezeichnen, die dem Gebot der Göttin nicht folgen wollen und deshalb mit Blindheit geschlagen werden.

Das Märchen aber spricht von der Kirche statt vom Lager der Heiligen Hochzeit. Und am Anfang, als die Mutter sich von ihrer kleinen Tochter verabschiedet, heißt es: »Bleib fromm und gut, so wird dir der liebe Gott immer beistehen, und ich will vom Himmel auf dich herabblicken und will um dich sein.« Die Sterbende nennt den lieben Gott, obwohl sie sich selbst als diejenige bezeichnet, die vom Himmel auf die Tochter herabblickt und um sie ist. Und daß sie das wahr macht, davon erzählt das ganze Märchen. Der »liebe Gott« tritt sonst nicht mehr in Erscheinung. Der »liebe Gott« und die »Kirche« sind die einzigen Worte im ganzen Märchen, die an Christliches anklingen. Sie wirken wie Etiketten, die dem Märchen aufgeklebt werden, damit es mit der Fracht seiner so gar nicht christlichen Botschaft die Zollschranken vor bürgerlich-christlichen Wohnzimmern passieren kann, in denen außerdem ein Mädchen, das »fromm und gut« sein soll, was immer man darunter verstand, willkommen war.

Aber es kann sich auch um etwas anderes als um so etwas wie Etikettenschwindel handeln. Ebenso denkbar ist, daß hier ein Traum von einer Kirche geträumt wird, in die gerade dieses Paar Einzug hält. Es kann der innige Glaube sich darin ausdrücken, daß in der Kirche wirklich eine Heilige Hochzeit stattfinden kann. Solche Träume von der Kirche werden auch heute geträumt. Helmut Barz teilt einen mit, der in diese Richtung weist:

»Ich bin in einer Kirche, die aber eher wie ein Amphitheater gebaut ist. Es soll eine Hochzeit gefeiert werden. Obwohl noch viele Plätze frei sind, gönnt man mir kaum einen; ältere Frauen wollen mich fortdrängen. Ich sehe den Vater der Braut: groß, schwarz, hinkend. Dann kommt das Brautpaar einen Gang entlang. Die Braut ist oben weiß gekleidet, unten aber hat sie einen weiten roten Rüschenrock an. Die beiden beginnen eine Pantomime, zögern dreimal, ob sie zum Altar tanzen wollen oder nicht. Geschwister kommen dazu, es wird ein tanzender Festzug. Er führt zum Altar. Ja auf dem Altar werden die mimischen Darstellungen weiter fortgeführt. Dann wird ein weibliches Wesen, es ist wohl die Braut, auf den Altar gelegt. In einem feierlichen Akt wird das Genitale entblößt; eine strahlende Kugel wird gereicht und darübergehalten.« Helmut Barz meint zu dem Traum, daß er aus tieferen, heidnischen Schichten der Seele komme, und schreibt: »Solche Träume scheinen deutlich zu machen, daß es von der spirituellen Überhöhung des kirchlichen Christentums herunterzukommen gilt, daß die tieferen Schichten der Seele, Unbewußtes, scheinbar Vergangenes, als heidnisch Verachtetes, mit einbezogen werden wollen, ja daß vielleicht nur noch von ihnen neue ›festliche‹ Spannung zu erwarten ist.«[40]

Nun braucht man im Neuen Testament nicht lange zu suchen, um auf das Thema Hochzeit zu stoßen. Die ganze Botschaft Jesu hat hochzeitlichen Geist. Er vergleicht das Reich der Himmel mit einem König, der seinem Sohn die Hochzeitsfeier rüstet. Und als die geladenen Gäste nicht erscheinen wollen, werden die Leute von den Straßen und den Zäunen eingeladen, man könnte sagen: die Aschenputtels (Matthäus 22,1ff.). Und als Johannes der Täufer gefragt wird, ob er oder Jesus der erwartete Messias sei, antwortet er: »Ein Mensch kann sich nichts nehmen, es sei ihm denn vom Himmel gegeben. Wer die Braut hat, ist der Bräutigam« (Johannes 3,27.29). Er begründet damit die Messiaswürde von der Liebe der Braut her, den Armen und Entrechteten also, die auf Jesu Worte hörten und ihm nachfolgten.

Die Offenbarung des Johannes schildert die Braut als das himmlische Jerusalem, in dem Gott selbst wohne, und schließt die Vision von der Vollendung der Welt mit dem geheimnisvollen Satz: »Der Geist und die Braut sagen: Komm! Und wer es hört, der sage: Komm! Und wer dürstet, der komme; wer will, der nehme Wasser des Lebens umsonst« (Offenbarung 21,17).

Das sind nur einige Textbeispiele aus dem Neuen Testament, die unmittelbar an das Märchen »Aschenputtel« anklingen. Es ist außerdem durchaus möglich, zwischen dem Königssohn des Märchens und Christus Verwandtes zu entdecken. Wie der Königssohn sich nicht davon abbringen läßt, seine Braut zu suchen, und sie gleichsam aus der Unterwelt befreit, so gilt auch Christus als Durchbrecher der Bande der Sünde und des Todes und seine Gemeinde als seine Braut, die er »in herrlicher Gestalt vor sich hinstellte, als eine, die weder Flecken noch Runzel oder dergleichen hätte, sondern sie soll heilig und untadelig sein« (Epheser 5,27). Und wie Christus allein die Liebe bewog, das Reich seines Vaters zu verlassen, um die verlorenen Menschen zu suchen und sich ihnen anzuvermählen, so verläßt auch der Königssohn sein Schloß, um Aschenputtel zu finden.

So hätte das Märchen also guten Grund, das hochzeitliche Paar in die Kirche einziehen zu lassen. Sie will ja der Raum sein, in dem sich immer neu die liebende Verbindung zwischen Christus und seiner Gemeinde ereignen soll. Daß dies nicht immer so gut gelingt, wird von Vertretern der Kirche nicht einmal geleugnet. Vollkommen wird diese Hochzeit erst am Ende der Tage gefeiert. Inzwischen, solange die Erde steht, haben eben auch in der Kirche immer wieder einmal Stiefmütter und Väter das Sagen, die, so schrecklich es klingt, manchmal eher eine schwarze Messe des Todes in der Kirche zelebrieren. Allen armen, entrechteten und erniedrigten Aschenputtels wird daher empfohlen, nur fromm und gut zu bleiben, es werde ihnen dann im Himmel gelohnt. So war es jedenfalls lange Zeit, und manchmal ist es noch heute so, obwohl gerade in jüngster Zeit immer mehr Christen darauf dringen, die Hochzeitsfeier im Reich Gottes hier auf der Erde doch immer wieder einmal schon vorweg zu feiern. Und es ist erstaunlich, was die Kraft ihrer Sehnsucht dann auch wirklich an Festfreude freisetzt. Da ist dann wirklich jeder, auch die von den Straßen und Zäunen, willkommen und wird nicht nach einer Eintrittskarte gefragt.

Warum das in der bisherigen Kirchengeschichte nur so selten gelungen ist, darüber machen sich zur Zeit gerade viele Frauen Gedanken. Und sie kommen zu dem Ergebnis, daß die Ursache eben darin liegt, daß auch im Christentum das Weibliche immer wieder zum Aschenputtel herabgewürdigt wird. Wo aber dies geschieht, haben auch die Tauben, der Heilige Geist, keine Schultern, auf denen sie wohnen könnten. Wo dies geschieht, bleiben Liebe und Weisheit unsichtbar oder werden gewaltsam vertrieben. Das Weibliche, in dem die Göttin der Liebe wirksam wird, ist so etwas wie das verwirklichende Prinzip. Ohne das Weibliche bleiben alle Worte leer, es fehlt ihnen das lebendige Wasser. Wo Männer, wo Männliches allein regieren, kommt es zu der »spirituellen Überhöhung«, von der Barz spricht. Da wird alles abstrakt und lebensfern. Langeweile breitet sich aus statt festlicher Freude. Man sagt: Christus allein. Doch wenn seine Braut nicht mit ihm einzieht in die Kirche, kann selbst er nicht Hochzeit feiern. Um ihretwillen findet die neutestamentliche Heilsgeschichte ja statt. Daß aber diese Braut nicht nur ein armes, erlösungsbedürftiges Aschenputtel ist, sondern in ihr die Liebe und Weisheit, die Sophia, selbst wohnen, das ist eine Vorstellung, die im Rahmen des christlichen Glaubens bis heute unerhört klingt. Und darum paßt das Märchen bis heute nicht so recht in die Kirche. In der Phantasie vieler Frauen und Männer der Gegenwart zeichnet sich aber ein neues Gottesbild am Horizont ab, genauer: ein göttliches Paar:

Christus und Sophia, Symbol für die Heilige Hochzeit zwischen Himmel und Erde, Geist und Seele, Männlichem und Weiblichem. Aber dies zu schildern wäre das Thema eines anderen Buches.

1 Sibylle Birkhäuser-Oeri, Die Mutter im Märchen, hrsg. von Marie-Louise von Franz, Stuttgart 1979[5], S. 259 und S. 28 f.

2 vgl. Charles Perrault, Feenmärchen aus alter Zeit. Aus dem Französischen von Helga Groß, München, S. 91 ff.

3 Kinder- und Haus-Märchen. Gesammelt durch die Brüder Grimm, 1812. In ihrer Urgestalt herausgegeben von Friedrich Panzer, München 1915

4 Gerhard Wahrig, Deutsches Wörterbuch, Gütersloh. Berlin. München. Wien 1968, 1972, Stichwort »Aschenputtel«

5 Enzyklopädie des Märchens, Band 1, hrsg. von Kurt Ranke, Berlin 1977, Stichwort »Cinderella«

6 Colette Dowling, Der Cinderella-Komplex. Aus dem Amerikanischen von Manfred Ohl und Hans Sartorius, Frankfurt 1982

7 Alice Miller, Das Drama des begabten Kindes, Frankfurt 1979

8 vgl. Sibylle Birkhäuser-Oeri, Die Mutter im Märchen, S. 256 ff.

9 Heide Göttner-Abendroth, Die Göttin und ihr Heros. München 1980, S. 136 ff.

10 C. G. Jung, Die Beziehungen zwischen dem Ich und dem Unbewußten, Olten 1971, S. 102

11 Ludwig Bechstein, Sämtliche Märchen, Zürich 1974

12 vgl. Anmerkung 3

13 Leland, Aradia, die Lehre der Hexen, zitiert nach: W. Bauer, I. Dümotz, S. Golowin, Lexikon der Symbole, Wiesbaden 1982[3], S. 156

14 vgl. Ulrich Mann, Theogonische Tage, Stuttgart 1970, S. 285 f. und Heide Göttner-Abendroth, Die Göttin und ihr Heros, S. 65 f.

15 Hartmut Schmökel, Heilige Hochzeit und Hoheslied, Wiesbaden 1965, S. 82

16 Erich Neumann, Die Große Mutter, Olten 1974, S. 299 ff.

17 H. Schmökel, ebenda, S. 82

18 Ulrich Mann, Der Ernst des heiligen Spiels, Eranos 1982, Frankfurt 1983, S. 44

19 Göttner-Abendroth, ebenda, S. 158

20 Fritjof Capra, Der kosmische Reigen, München 1983[6], S. 7
21 Nizami, Die sieben Geschichten der sieben Prinzessinnen, Zürich 1959, S. 127 ff.
22 vgl. Handwörterbuch des deutschen Aberglaubens, hrsg. von Eduard Hoffmann-Krayer und Hanns Bächtold-Staubli, Berlin 1927–1942, Stichwort »Taube«
23 Felix Christ, Jesus Sophia, Zürich 1970
24 Handwörterbuch des deutschen Aberglaubens, Stichwort »Birnbaum«
25 vgl. Helmut Remmler, Der Königssohn, der sich vor nichts fürchtet, Stuttgart 1984
26 Erich Neumann, Die Große Mutter, S. 212
27 vgl. Robert Ranke-Graves, Die weiße Göttin. Ins Deutsche übertragen von Thomas Lindquist unter Mitarbeit von Lorenz Wilkens, Berlin 1981, S. 206 f.
28 vgl. Gerhard Wahrig, Deutsches Wörterbuch, Stichwort »Treppe«
29 zitiert nach: Enzyklopädie des Märchens, vgl. Anmerkung 5
30 Reclams Lexikon der antiken Mythologie von Edward Tripp. Übersetzung von Rainer Rauthe, Stuttgart 1974, Stichwort »Hermes«
31 Ranke-Graves, vgl. Anmerkung 27, S. 384
32 Gershom Scholem, Von der mystischen Gestalt der Gottheit, Zürich 1962, S. 143
33 Handwörterbuch des deutschen Aberglaubens, vgl. Anmerkung 22, Stichwort »Taube«
34 Paul J. Möbius, Über den physiologischen Schwachsinn des Weibes, München 1977
35 Handwörterbuch des deutschen Aberglaubens, Stichwort »Schuh«
36 Gerhard Wahrig, Deutsches Wörterbuch, Stichwort »butt«
37 Verena Kast, Paare, Stuttgart 1984
38 Sumerisch-akkadische Hymnen und Gebete, zitiert nach H. Schmökel, Heilige Hochzeit und Hoheslied
39 H. Schmökel, ebenda, S. 109 f.
40 Helmut Barz, Selbsterfahrung, Stuttgart 1973, S. 91 f.

Weisheit im Märchen
Herausgegeben von Theodor Seifert

THEODOR SEIFERT · SCHNEEWITTCHEN

ANGELA WAIBLINGER · RUMPELSTILZCHEN

INGRID RIEDEL · HANS MEIN IGEL

HELMUT REMMLER · DER KÖNIGSSOHN,
DER SICH VOR NICHTS FÜRCHTET

VERENA KAST · DER TEUFEL
MIT DEN DREI GOLDENEN HAAREN

HILDEGUNDE WÖLLER · ASCHENPUTTEL

HANS JELLOUSCHEK · DER FROSCHKÖNIG

LUTZ MÜLLER · DAS TAPFERE SCHNEIDERLEIN

FRANZ KAUFMANN · DER GESTIEFELTE KATER

ROSMARIE BOG · DAS WASSER DES LEBENS

HANS DIECKMANN · DER BLAUE VOGEL

HELMUT HARK · DER GEVATTER TOD

URSULA ESCHENBACH · HÄNSEL UND GRETEL

UWE STEFFEN · DIE ZWEI BRÜDER

HELMUT BARZ · BLAUBART

OLGA RINNE · DIE GÄNSEMAGD

VIKTOR ZIELEN · HANS IM GLÜCK

RUDOLF MÜLLER · JORINDE UND JORINGEL

KREUZ VERLAG

HILDEGUNDE WÖLLER
EIN TRAUM VON CHRISTUS

In der Seele geboren, im Geist erkannt
250 Seiten, gebunden

Hildegunde Wöller entwirft hier ein Christusbuch, das ungewohnte Wege geht. Auf dem Hintergrund des Mythos vom Helden und der mythischen Gestalt der Sophia erzählt die Autorin die Geschichte von Jesus, dem Christus, unter Fragestellungen von heute. Die Autorin entwirft hier ein Christusbild, das über die traditionellen Engführungen hinausweist. Glaube an Christus ist zu wenig, es geht um die Erfahrung des Christus in jedem einzelnen und um die Erkenntnis, zu welcher der Heilige Geist befähigt. Die Geschichten des Neuen Testaments geben zuletzt auch Hinweise auf das Verstehen der Gegenwart und Zukunft. Was heute als Bewußtseinsveränderung oder Paradigmawechsel bezeichnet wird, stellt die Autorin in den Zusammenhang mit dem Wachsen des Reiches Gottes. Christus, sagt sie, ist »Symbol einer Menschheit, die im Werden ist«.

Kreuz Verlag